W0371388

À plus ! 2

Carnet d'activités
mit CD-ROM

Französisch
für Gymnasien

Cornelsen

À plus! 2
Carnet d'activités

im Auftrag des Verlages erarbeitet von
Michèle Héloury, Catherine Jorißen

und der Redaktion Französisch
Marie-France Lavielle
Gabriela Alonso, Sophie Ortiz-Vobis (Assistenz)

Gesamtgestaltung: Regelindis Westphal
Illustrationen: Laurent Lalo

Achte auf diese Zeichen:
○ leichtere Übung
● anspruchsvollere Übung
Wenn du bei einer ● Übung Schwierigkeiten hast, mache zuerst die ○ Übung. Anschließend kannst du die ● Übung sicherlich problemlos bearbeiten.

CD-ROM

Autorin: Catherine Jorißen
Redaktion: Sophie Ortiz-Vobis
Redaktionelle Mitarbeit: Carola David
Programmierung: Karsten Trautwein
Design und Design-Koordination: Christian Nusch, Marlene Böhmann
Soundstudio: Studio Pierre Corby, Paris; MK Audio
Projektkoordination: Dorothea Mützel

Systemvoraussetzungen
Windows®-PC ab 350 MHz
Arbeitsspeicher min. 128 MByte
Freier Festplattenplatz ca. 140 MByte
Bildschirmauflösung 800 x 600
Farbtiefe mindestens High Color
16-Bit-Soundkarte, Mikrofon
CD-ROM-Laufwerk (min. 8-fach)
Windows® 2000+SP4, XP, Vista, 7, 8

Bildquellen: AKG images, Berlin, S. 72 (1989, 1789, 1492, 1969, 1963)– Barbier, S. 26 – Corbis/Reuters, S. 80 – Cornelsen, Cordier, S. 57; Corel Library, S. 11 – Éditions Glénat, Titeuf N. 9, 2002, S. 62 – Éditions Thierry Magnier, 2003, S. 77 – Fotex: © Knoll, S. 70; © Tschanz-Hofmann (2002) – laif: © Zanettini, S. 51 – Leullier, S. 76 – Mauritius/SDF, S. 37– Seuil Jeunesse, 1995 ullsteinbild: © Gittis, S. 74 – Valéry Joncheray, S. 10 – Vintage: Burkhard Juettner, S. 20.

Umschlagfotos: Schulz (oben); Andia (unten)

Satz und Litho: Satzinform, Berlin

www.cornelsen.de

1. Auflage, 6. Druck 2013 / 06

Alle Drucke dieser Ausgabe sind inhaltlich unverändert und können im Unterricht nebeneinander verwendet werden.

© 2005 Cornelsen Verlag, Berlin
© 2013 Cornelsen Schulverlage GmbH, Berlin

Das Werk und seine Teile sind urheberrechtlich geschützt. Jede Nutzung in anderen als den gesetzlich zugelassenen Fällen bedarf der vorherigen schriftlichen Einwilligung des Verlages. Hinweis zu den §§ 46, 52 a UrhG: Weder das Werk noch seine Teile dürfen ohne eine solche Einwilligung eingescannt und in ein Netzwerk eingestellt oder sonst öffentlich zugänglich gemacht werden.
Das gilt auch für Intranets von Schulen und sonstigen Bildungseinrichtungen.

Druck: Parzeller print & media GmbH & Co. KG, Fulda

Schülerheft:
ISBN 978-3-464-22078-8

Lehrerfassung:
ISBN 978-3-464-22062-7

Inhalt gedruckt auf säurefreiem Papier aus nachhaltiger Forstwirtschaft.

Bonjour, tout le monde!

1 *Où sont-ils? Réponds. Utilise* à la / au / à l' / aux *et un nom.*

Elle est à l'hôpital.

Elle est à la boulangerie.

Il est à l'école.

Il est aux Galeries Lafayette.

Ils sont au cinéma.

Elles sont à l'office de tourisme.

Ils sont au marché.

Ils sont à la maison.

2 *Réponds aux questions. Utilise le pronom d'objet direct* le/la/l'/les.

1. – Tu ne prends pas ton pain ici? – Non / je / acheter / au supermarché.

Non, je l'achète au supermarché.

2. – Tu aimes ta ville? – Oui / je / aimer / beaucoup.

Oui, je l'aime beaucoup.

3. – Tu regardes la télé pendant la semaine? – Non / mais / je / regarder / le dimanche.

Non, mais je la regarde le dimanche.

4. – Tu ne manges pas tes frites? – Non / je / ne pas aimer.

Non, je ne les aime pas.

5. – Tu ranges tes livres? – D'accord, mais où est-ce que / je / mettre?

D'accord, mais où est-ce que je les mets?

6. – Tu prends le bus, le matin? – Je / prendre / quand / être en retard.

Je le prends quand je suis en retard.

3 **a** *Retrouve les mots et écris-les avec l'article défini* le/la/l'/les. (→ Liste alphabétique, p. 198)

le film, le cirque, le cinéma, le spectacle, la télé, l'ordinateur, les devoirs, le livre, la musique, la promenade, le musée, le théâtre, les magasins

b *Imagine ton emploi du temps pour la semaine et note-le.*
Utilise des mots de **a**.

Lundi	Je vais regarder un film à la télé avec mon copain.
Mardi	Je (vais au cirque avec mon frère.)
Mercredi	(Je range ma chambre.)
Jeudi	(Je joue sur l'ordinateur de ma sœur.)
Vendredi	(Je mange chez mes grands-parents.)
Samedi	(Je vais dans les magasins avec une copine.)
Dimanche	(Je fais une promenade avec mes parents.)

4 *Continue les séries.* Setze die Reihen fort.

la minute – l'heure – la montre – le réveil – l'horloge – le temps

l'appartement – l'immeuble – la rue – le quartier – la ville

le père – la mère – le grand-père – la grand-mère – la tante – le frère – la sœur

le beurre – le miel – le pain – le gâteau – les truffes au chocolat – la crème – les légumes – les fruits

5 *Complète avec les formes des verbes au présent.* (→ Les verbes, p. 145)

aller	avoir	être	manger
je vais	ils ont	vous êtes	nous mangeons
attendre	**dire**	**comprendre**	**faire**
elle attend	il dit	vous comprenez	elles font

6 *Regarde les dessins. Qu'est-ce qu'il n'y a pas dans la salle de séjour, à droite? Utilise* ne ... pas de.

Dans la salle de séjour, à droite, il n'y a pas d'éléphant sur l'étagère. Il n'y a pas de magazine sur la chaise. Il n'y a pas de stylo sur la table. Il n'y a pas de fruits dans l'assiette. Il n'y a pas d'armoire. Il n'y a pas de poissons. Il n'y a pas de porte.

7 *Écris une autre strophe pour la chanson, dans ton cahier.* Schreibe eine weitere Strophe für das Lied. (→ Liste alphabétique, p. 198)

baguette disquette cassettes poète
surveillant enfant temps parents
restaurant bandit prix boulangerie
amis souris poisson poivron carton
rayon garçon intello gâteau eau
abricot cassette vidéo ____

1
Salut, Clémentine,
Regardons les vitrines,
Et allons à la piscine.

2
Fabien a des copains
Ils sont dans le jardin
Et ils font des dessins.

3
Mon amie Marie
N'est pas une souris
Je la photographie.

4
Mon copain Mario
Mange des abricots
Mais pas de gâteau.

UNITÉ 1 Charlotte et ses copains

Approches

1 **a** *Retrouve les huit mots dans la grille et écris-les. N'oublie pas l'article défini pour les noms. Les lettres qui restent donnent un message.* Die übrigen Buchstaben ergeben eine Nachricht. (→ Texte, p. 11)

G	U	I	T	A	R	E	S	Y	C
A	C	H	A	M	P	I	O	N	É
R	A	N	N	V	E	U	L	T	L
D	N	A	G	E	R	Ê	E	T	È
E	L	A	N	G	U	E	I	R	B
R	E	C	H	A	N	T	L	E	R
U	V	O	Y	A	G	E	R	X	E

la guitare ________ le voyage ________

le champion ________ garder ________

nager ________ le soleil ________

la langue ________ célèbre ________

Le message c'est: Yann veut être chanteur.

b *Présente un copain / une copine. Utilise des mots de* **a** *. Écris dans ton cahier.*

2 *Qu'est-ce qu'ils aiment, adorent, ou détestent faire? Forme les phrases.*
(→ Petit dictionnaire, p. 212)

1

Il adore manger.

2

Ils aiment regarder la télé.

3

Elle n'aime pas attendre.

4

Elle déteste aller à l'école.

5

Ils aiment/adorent faire des promenades.

6

Il n'aime pas faire les courses.

3 *Fais une fiche pour ton/ta correspondant/e et colle* ta photo.* (→ Approches, p. 11)

Mon nom (Julia Kahn)

Mon école (Albertus-Magnus-Schule)

Ma classe (7A)

Mon âge (douze ans et demi)

Mon adresse (Rosenstraße 4, 66386 Sankt Ingbert)

J'aime (le français, la mer, la musique, les bédés.)

Je n'aime pas (l'histoire, les bananes.)

Je voudrais (aller en France, avoir une sœur.)

* **coller qc** etw. aufkleben

Lecture: Un poème

4 **a** *Lis le poème et illustre-le. Tu peux aussi le mettre en musique avec tes camarades et votre professeur de musique.* Du kannst auch ein Lied daraus machen.

Vanessa n'aime pas ça

Nicolas aime le chocolat
Vanessa déteste ça
Brigitte aime les frites
Vanessa déteste ça
Ariel aime le miel
Vanessa déteste ça

Elle n'aime pas le chocolat
Elle n'aime pas les frites
Elle n'aime pas le miel
Mais qu'est-ce qu'elle aime, Vanessa?
Ah ça, je ne sais pas

Igor aime le sport

b *Ajoute une ou deux strophes au poème. Écris dans ton cahier. Tu peux utiliser:*

Emma Véronique Émilien Léo
Mireille Marianne Grégoire Sophie
Laurence Agathe Armand
Garance Natacha Vincent ___

vélo géographie maths cinéma
chats soleil allemand vacances
chiens bananes danse musique
histoire croissants ___

DELF **1** **a** *Relis le texte, p. 12 et réponds aux questions.*

1. Qu'est-ce que Mme Lecoq et ses élèves font?

Ils préparent le programme de l'échange.

2. Où habitent les correspondants?

Ils habitent à Sankt Ingbert.

3. Pourquoi est-ce que Yann pense que Noirmoutier va intéresser les correspondants?

Il pense que Noirmoutier va intéresser les correspondants parce que les correspondants ne prennent pas souvent le bateau.

4. Pourquoi est-ce que Mehdi et Clémence ne sont pas d'accord?

Ils ne sont pas d'accord parce que le hip-hop, ça intéresse Mehdi, mais (ça n'intéresse) pas Clémence.

b *Prépare deux questions, dans ton cahier, sur le texte. Puis, pose-les à ton voisin / ta voisine. Il/Elle répond. Tu peux utiliser* qui, qu'est-ce que, quand, où, pourquoi.

c *Trouve un autre titre pour le texte.*

(On est presque toujours d'accord.)

2 *Relis le texte, p.12 et corrige les phrases.*
Utilise: Il/Elle dit/raconte/pense/trouve/répond que (→ Texte, p. 12 / Repères, p. 22/8)

1. *Madame Lecoq:* Les correspondants n'ont pas cours le matin.
2. *Mehdi:* Ils ont cours l'après-midi. C'est super!
3. *Madame Lecoq:* Vous allez faire une excursion ensemble.
4. *Charlotte:* Il faut aller à Brest.
5. *Yann:* Il faut aller à la campagne.
6. *Charlotte:* Je suis pour une excursion à Noirmoutier. Il fait très beau en octobre.
7. *Mehdi:* Je n'ai plus d'idées pour le programme.
8. *Clémence:* Je suis pour le festival de hip-hop.
9. *Mehdi:* Le hip-hop, ça ne va pas intéresser les Allemands.

1. Elle dit que les correspondants aussi ont cours le matin.
2. Il répond qu'ils n'ont pas cours l'après-midi et que ce n'est pas juste.
3. Elle raconte qu'ils vont faire deux excursions ensemble.
4. Charlotte pense qu'il faut aller à Nantes.
5. Yann trouve qu'il faut aller à la mer.
6. Charlotte dit qu'elle est contre une excursion à la mer parce qu'en octobre il pleut souvent.
7. Mehdi dit qu'il a une idée pour le soir.
8. Clémence répond qu'elle est contre le festival de hip-hop.
9. Mehdi pense que le hip-hop intéresse les Allemands.

3 *Retrouve les noms et utilise-les dans une phrase.* (→ Texte, p. 12 / Liste des mots, p. 154)

1. b t — a e a u — (Nous allons faire une excursion en bateau.)
2. m r — e — (On va à la mer?)
3. c n — o é a — (Tu connais l'océan Atlantique?)
4. p r g r m m — o a e — (Je pense que le programme est intéressant.)
5. x c r s n — e u i o — (Je suis contre l'excursion à Noirmoutier.)
6. t b l — a e a u — (Mehdi va au tableau.)
7. c r r s p n d n t — o e o a — (Mon correspondant s'appelle Mehdi.)
8. f f r t — e o — (Pourquoi est-ce que tu ne fais pas un effort?)
9. c h n g — é a e — (Dans notre école, nous faisons un échange.)

4

a *Imagine des fins de phrases. Utilise* pour + *infinitif.* (→ Repères, p. 22/6)

1. Nora veut aller en France pour visiter Paris et pour apprendre la langue.
2. Nous sortons et faisons des tas de trucs (pour montrer la ville à nos corres.)
3. Nous aimons aller en Bretagne (pour faire des promenades.)
4. Les enfants partent maintenant (pour arriver à 8 heures à l'école.)
5. Je vais acheter deux tablettes de chocolat (pour faire des truffes.)

b *À toi. Forme encore trois phrases dans ton cahier.*

5 *Tu es chez ton correspondant / ta correspondante en France. Vous discutez du week-end. Comment est-ce que tu peux dire cela en français? Qu'est-ce que ton/ta correspondant/e va dire? Écris le dialogue dans ton cahier.* (→ Texte, p. 12, Repères, p. 21/1)

toi		*ton/ta correspondant/e*
Haben wir am Samstag Unterricht?	→	Nein. Wir könnten in die Stadt gehen.
	↙	
Wozu denn?	→	Um CDs zu kaufen oder das Meeresmuseum zu besichtigen.
	↙	
Ich bin gegen das Meeresmuseum, das interessiert mich nicht.	→	Gut, und was schlägst du vor?
	↙	
Ich bin für einen Ausflug auf das Land.	→	Ich finde das nicht genial, weil es zu kalt ist.
	↙	
Tu réponds.		

6 *Les élèves de la cinquième A préparent une fête* pour leurs correspondants. Qu'est-ce qu'ils proposent? Trouve au moins cinq idées. Utilise* Il faut + *inf. et* On pourrait + *inf. Écris dans ton cahier.*

jouer écouter chanter
faire préparer proposer
acheter écrire ___

gâteau dîner bouteille courses
jus de fruits numéro de clowns
spectacle programme ___

* **la fête** die Feier, das Fest

Réviser: L'orthographe et la prononciation

7 **a** *Note des mots du texte avec la lettre* «c» *ou* «ç». (→ Texte, p. 12; Liste alphabétique, p. 198)

[s] comme dans «cédérom» ou «français»

ceci, cela, cinquième, océan, ce, ça

[k] comme dans «comme»

correspondants, Lecoq, contre, cours, d'accord, octobre, écris

b *Note les mots avec la lettre* «s».

[z] comme dans «chaise»

proposez, visiter

[s] comme dans «Je sais»

excursion, intéresse, seules, presque, aussi, je suis

La France en direct: Noirmoutier

DELF **8** *Pourquoi est-ce qu'il faut aller à Noirmoutier? Regarde la carte et réponds. Écris dans ton cahier.*

À Noirmoutier, il faut + *infinitif.*
On va à Noirmoutier pour + *infinitif.*

chercher nager faire
visiter poissons
animaux promenades
mer vélo aller à
promenades ___

DELF **1** *Vrai ou faux ? Note.* (→ Texte, p. 15)

	vrai	*faux*
1. Charlotte aime bien écrire en allemand.	☐	☒
2. Elle a deux sœurs et une chienne.	☐	☒
3. Loïc, Isabelle et Charlotte ont ensemble 39 ans.	☒	☐
4. La chienne de Charlotte s'appelle «As de cœur».	☐	☒
5. Son cochon d'Inde dort et mange beaucoup.	☒	☐
6. Loïc a un caractère de chien.	☐	☒
7. La mère de Charlotte travaille dans une librairie.	☒	☐
8. Charlotte va souvent à l'école à vélo.	☐	☒
9. Elle joue de l'accordéon avec Yann.	☒	☐
10. Charlotte joue du piano.	☐	☒
11. Elle chante avec Yann.	☒	☐
12. Mehdi et Clémence écrivent pour «As de cœur».	☒	☐
13. Charlotte habite à Saint Herblain, près de Nantes.	☒	☐
14. Charlotte est triste parce que Julia arrive bientôt.	☐	☒

2 *Complète.* (→ Liste des mots, p. 155)

instrument de musique: [1]
Nantes est une ville [2] la Loire.
en français «ziemlich»: [3]
Elle a un [4] de chien!
la 2ème personne du pluriel du verbe «avoir»: [5]
Charlotte va à l'école en [6].
Tu joues d'un [7]?
Charlotte aime bien [8].
Pas de bus? Pas de vélo? Je rentre à [9].
instrument de musique: [10]
en français «zwischen»: [11]
À la fin d'une [12], on écrit souvent «[13]».

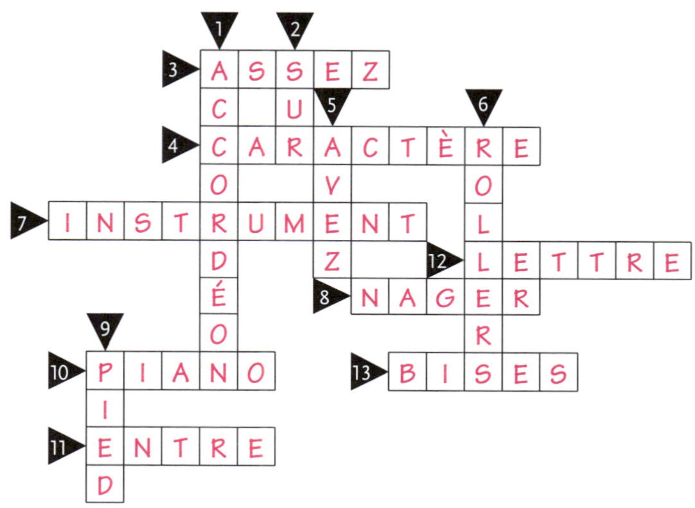

3 *Complète par les formes du verbe* lire. (→ Les verbes, p. 146)

1. Tu ___lis___ beaucoup?
2. Hm, je n'aime pas trop ___lire___, je ___lis___ des bédés. Ma sœur, elle, ___lit___ des livres et mes parents ___lisent___ des magazines.
3. Monsieur, qu'est-ce que vous ___lisez___ avec vos élèves? Pour le moment, nous ___lisons___ des légendes. Après, nous allons ___lire___ un livre de Tahar Ben Jelloun.

4 *Qu'est-ce qu'ils demandent ? Réponds et utilise le discours indirect.* (→ Repères, p. 22/8)

1. Il veut savoir quand ils mangent.
2. Elle demande si l'eau est froide.
3. Yann veut savoir pourquoi les corres ne vont pas dans l'eau.
4. Un garçon demande au prof s'ils peuvent jouer au foot.
5. Un corres veut savoir quand ils rentrent.

5 *Felix écrit à Yann, mais … en allemand. Qu'est-ce qu'il raconte, qu'est-ce qu'il demande? Yann ne comprend pas bien. Aide-le.* (→ Repères, p. 22/8)

Il dit qu'il apprend le français à l'école, mais qu'il …

Continue dans ton cahier.

Hallo Yann!
Ich lerne Französisch in der Schule, bin aber nicht sehr gut. Ich schreibe lieber auf Deutsch. Ich wohne mit meinen Eltern in der Nähe von Saarbrücken. Ich habe keine Geschwister. Ich mag Musik und Fußball. Ich bin sehr froh, weil ich bald nach Nantes komme. Wie ist die Stadt Nantes? Wo wohnst du? Magst du Sport? Spielst du ein Instrument? Hast du eine E-Mail-Adresse?
Réponds vite.
À plus! Felix

6

Fais le tandem, p. 82 avec ton voisin / ta voisine.

DELF **7** *Dans sa lettre à Julia, Charlotte écrit : «Je réponds à tes questions». Imagine les questions de Julia et écris sa lettre dans ton cahier.* (→ Texte, p. 15)

Le 12 septembre
Chère Charlotte, …

Lecture: «Rachid, l'Enfant de la télé»

DELF **8** **a** *Le livre s'appelle: «Rachid, l'Enfant de la télé». C'est une histoire de Tahar Ben Jelloun. Regarde aussi la couverture et imagine qui est Rachid et de quoi parle le livre. Écris dans ton cahier.*

b *Lis maintenant le texte. Tu ne connais pas tous les mots, mais tu peux comprendre l'histoire.*

Rachid est un garçon marocain de huit ans. Il habite à Paris avec ses parents et sa sœur. Rachid aime Danièle, sa maîtresse[1] et … la télé. Quand il rentre de l'école, il jette[2] son sac dans un coin et il allume la télévision. Il mange devant la télé, il fait ses devoirs devant la télé. Quand sa mère l'appelle, il ne répond pas, il n'entend pas. Il n'est pas là. Rachid est dans la télé. Heureusement, Rachid est intelligent, il peut faire ses devoirs en regardant une série américaine ou un jeu. Mais quelquefois, il ne sait plus si ce sont les questions du jeu ou les questions de la maîtresse, il mélange[3] tout, et il ne peut pas dormir.
Un jour, c'est la catastrophe, la télé ne marche plus! Rachid pleure, crie, il est agressif et malheureux[4]. Il voudrait réparer la télé, mais seul, ce n'est pas possible. Il demande à sa mère s'il peut aller chez les voisins pour regarder la télé, mais les voisins ne sont pas là. Alors, il prend son walkman, écoute un CD. Il ferme les yeux[5], mais les images[6] ne viennent pas. Il ne fait plus ses devoirs, il ne prend plus son chocolat, il est méchant avec sa sœur et quand son père rentre, il casse une assiette. Puni[7], Rachid va dans sa chambre sans dîner. Il crie, il pleure. «Qu'est-ce que je vais faire sans télé?» …

D'après: Tahar Ben Jelloun, Rachid, l'Enfant de la télé

1 **la maîtresse** die Grundschullehrerin 2 **jeter qc dans un coin** etw. in eine Ecke werfen 3 **mélanger qc** vermischen, durcheinander bringen 4 **malheureux/se** unglücklich 5 **les yeux** *m. pl.* die Augen 6 **l'image** *f.* das Bild 7 **puni/e** bestraft

c *Réponds aux questions. Écris dans ton cahier.*

1. Qui est Rachid?
2. Quel est son problème?
3. Qu'est-ce que Rachid pourrait faire sans télé? Trouve des idées pour lui.
4. Et toi, est-ce que tu aimes la télé? Pourquoi?

DELF **9**

Fais l'exercice auditif à la page 88.

Réviser: Les noms – masculin ou féminin?

10 *Qu'est-ce que c'est? Note les mots dans le tableau.* (→ Petit dictionnaire, p. 212)
Tipp: Alle Wörter fangen mit einem Vokal an.

un ♂	une ♀
immeuble	armoire
ordinateur	étagère
accordéon	eau
éléphant	assiette

1 *Complète les phrases.* (→ Texte, p. 18–19; Liste des mots, p. 157)

1. À la gare, un groupe d'élèves du collège Saint Dominique est sur le quai numéro huit. Le train va bientôt arriver. Charlotte et sa mère sont encore dans leur voiture.
2. Dans la rue, il y a un embouteillage, tout est bloqué.
3. Charlotte descend de voiture et Madame Bouvier va garer la voiture.
4. Le train est maintenant sur la voie numéro 8. Monsieur Hellmann et les correspondants descendent du train / sont là.
5. Julia n'est pas contente parce que Charlotte n'est pas avec le groupe.
6. Ah, voilà Charlotte!

2 ○ *Complète par un pronom personnel disjoint.* (→ Repères, p. 21/3)

3 ● *Qu'est-ce qu'on dit en français? Traduis.*
(→ Repères, p. 21/3; Petit dictionnaire, p. 212)

1. Ah, du bist es!

Ah, c'est toi.

2. Ist er das? – Nein, das ist er nicht.

Est-ce que c'est lui?

Non, ce n'est pas lui.

3. Was hast du gegen mich?

Qu'est-ce que tu as contre moi?

4. Ich möchte mit euch spielen.

Je voudrais jouer avec vous.

5. Charlotte und Yann singen gerne, ich möchte mit ihnen singen.

Charlotte et Yann aiment chanter. Je voudrais chanter avec eux.

6. Charlotte und Clémence lernen Deutsch. Du kannst deine Hausaufgaben mit ihnen machen.

Charlotte et Clémence apprennent l'allemand.

Tu peux faire tes devoirs avec elles.

4 *Complète la chanson. Utilise des pronoms personnels disjoints.* (Die Pronomen reimen sich mit der nächsten Zeile.)
(→ Repères, p. 21/3)

C'est moi, c'est toi, c'est lui, c'est ___elle___ .

Mais oui, c'est Isabelle.

Ce n'est pas sûr, ce n'est pas sûr, ce n'est pas ___elle___ .

Mais comment tu t'appelles?

Est-ce que ce sont ___elles___ ?

Qui? Mais les copines d'Isabelle!

Est-ce que ce sont ___eux___ ?

Qui? Mais les copains de Mathieu!

Ce n'est pas moi, ce n'est pas ___toi___ .

C'est Benoît.

Ce n'est pas nous, ce n'est pas ___vous___ .

C'est Ginou.

5 Diese Wörter werden gleich ausgesprochen (Homonyme), bedeuten jedoch etwas anderes. *Utilise chaque mot dans une phrase.* Verwende jedes Wort in einem Satz. *Écris dans ton cahier.*
(→ Liste alphabétique, p. 198)

sûr   sur   où   ou

entre   entre *(verbe)*   non   nom

lit   lit *(verbe)*   fin   faim

6 *Où est-ce qu'ils vont? Et comment? Forme des phrases. Utilise des prépositions.*

1. Ils vont à Belle-Île en bateau.
2. Elles vont à Nantes en train.
3. Il va au collège à vélo.
4. Ils vont en ville en bus.
5. Elle va à la boulangerie à pied.
6. Ils vont en Allemagne en voiture.

7 *Complète les phrases par un déterminant démonstratif.* (→ Repères, p. 21/2)

Ces pains au chocolat sont très bons.

Comment s'appelle cette place?

Où va ce bus?

Regarde cette affiche! Il y a un match de foot, demain. On y va?

Ma grand-mère habite dans cet immeuble.

On achète ces fleurs pour ta mère?

Réviser: L'heure

8 *Il est quelle heure? Réponds. Écris les nombres en toutes lettres.* Schreibe die Zahlen aus.

 Il est quatre heures et demie.

 Il est midi/minuit.

 Il est trois heures vingt.

 Il est sept heures et quart.

 Il est onze heures moins le quart.

 Il est quatre heures moins dix.

 Il est neuf heures cinq.

 Il est deux heures moins cinq.

Reviser: Les verbes

9 **a** Was ist richtig? *Relie.* (Manchmal sind mehrere Antworten möglich.) (→ Les verbes. p. 145)

1.	2.	3.	4.	5.	6.
je	je	j'	j'	je	j'
tu — mange	tu — joues	tu — as	tu — sors	tu — est	tu — attends
on	elle	on	il	il	on

b *Écris l'infinitif des verbes de* **a** .

1. manger
2. jouer
3. avoir
4. sortir
5. être
6. attendre

c *Écris une phrase dans ton cahier avec les formes des verbes de* **a** .

La France en direct: Prendre le train

DELF **10** *Voilà un billet* de train. Réponds aux questions.*

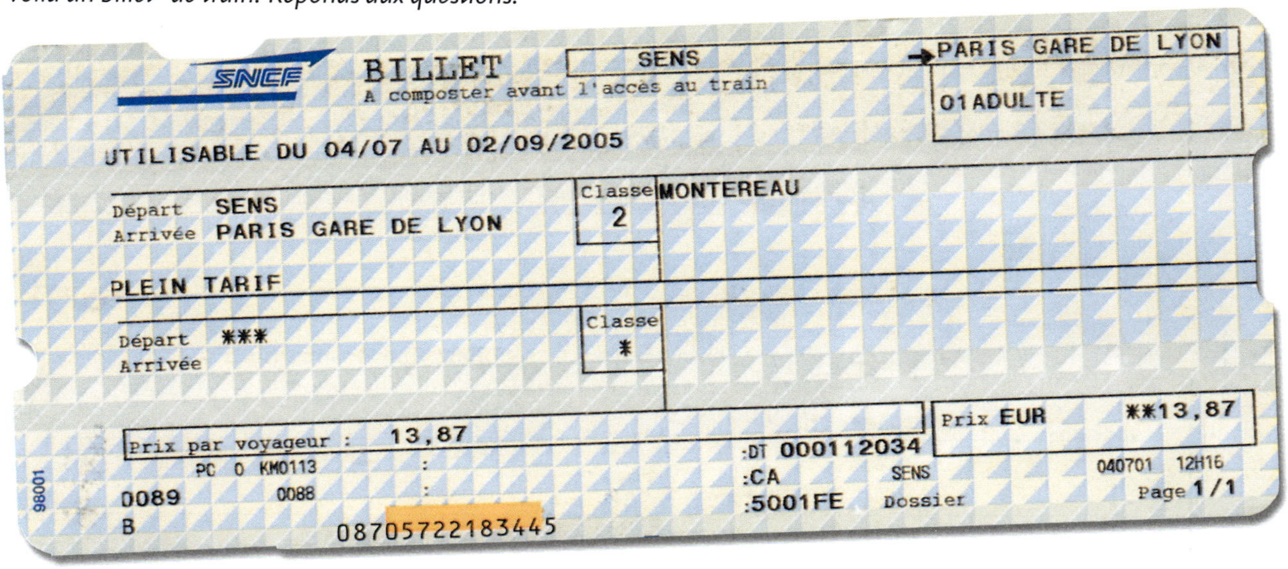

1. D'où est-ce que la personne arrive?

Elle arrive de Sens.

2. Où est-ce qu'elle va?

Elle va à Paris.

3. Combien coûte le billet?

Il coûte treize euros quatre-vingt-sept.

4. Jusqu'à quand est-ce que le billet est utilisable?**

Il est utilisable jusqu'au deux septembre.

* **le billet** die Fahrkarte ** **utilisable** gültig

Bilan autocorrectif

Hier findest du Übungen zu den wichtigsten Lerninhalten der Unité. Diese Übungen helfen dir deine Lernerfolge selbst einzuschätzen und zu verbessern. Wie? Versuche die Übungen ohne Hilfe zu machen. Vergleiche dann deine Ergebnisse mit den Lösungen auf S. 91. In der rechten Spalte im Lösungsteil bekommst du Hilfestellungen, wie du etwas, was du noch nicht richtig beherrschst, noch einmal trainieren kannst.

1 Qu'est-ce qu'on dit?

Wie sagst du, ...

... dass du für den Spaziergang bist?

____

____

... dass du etwas ungerecht findest?

____

____

... dass du gegen den Ausflug bist?

____

____

... dass du mit dem Programm nicht einverstanden bist?

____

____

... dass du lieber Karten spielst?

____

____

... dass du Gitarre spielst?

____

____

... dass du zwei Sprachen sprechen möchtest?

____

____

... dass man essen muss?

____

____

2 Der Demonstrativbegleiter Le déterminant démonstratif

Complète.

1. – Où va ________ train?

   – Je ne sais pas ... Attends, je vais demander à ________ homme là-bas.

2. – Bon alors, on la fait, ________ excursion?

   – Oui, tiens, prends ________ deux sacs.

3. – Qu'est-ce que tu vas faire de ________ argent?

   – Je vais acheter ________ bédés.

3 Die unverbundenen Personalpronomen Les pronoms personnels disjoints

Complète.

Les enfants sortent de l'école.

1. Pierre rentre chez ________ . Il demande à Julien: «Est-ce que tu veux venir avec ________ ?»
2. Julien répond: «D'accord, je viens avec ________ .»
3. Isabelle va chez son amie. Elle va travailler avec ________ .
4. Marion et son frère rentrent chez ________ , Sophie et sa sœur rentrent chez ________ .

4 Les verbes

Mets ces phrases au pluriel.

1. Le mercredi, je nage à la piscine de mon quartier.

Le mercredi, nous ____________________

____

2. Tout est bloqué. Je descends.

Tout est bloqué. ____________________

____

3. Il dort avant minuit.

____

4. Tu lis souvent au lit?

____

5. Elle écrit une lettre.

____

5 Die indirekte Rede Le discours indirect

Mets les phrases au discours indirect.

1. *Paul:* Mathieu, tu veux jouer aux cartes avec moi?
2. *Mathieu:* Oh, non, je préfère faire un tour à vélo.
3. *Paul:* Il va pleuvoir ...
4. *Mathieu:* Ce n'est pas une catastrophe.

____

____

____

____

____

____

____

____

____

Die Lösungen findest du auf S. 91.

UNITÉ 2 À Nantes

Approches

1 *Raconte le texte de la page 28 en six phrases. Utilise le passé composé. Écris dans ton cahier.* (→ Repères, p. 38/3)

1. Les élèves – commencer – le rallye – à neuf heures
2. Mehdi – le nom – de Jules Verne – noter – de trois romans
3. l'Édit de Nantes – trouver – de – le groupe – la date
4. Charlotte – le rallye – gagner – et ses copains
5. copine – sa – Julia – téléphoner – à
6. oublier – elle – mais – son porte-monnaie

2 *Qu'est-ce qu'ils ont fait mercredi? Raconte au passé composé.* (→ Repères, p. 38/3)

1. Elle a téléphoné.
2. Ils (ont joué et ils) ont gagné.
3. Elle a pleuré.
4. Elles ont joué aux cartes.
5. Il a écouté des CD.
6. Elle a rêvé.
7. Ils ont chanté.
8. Il a regardé la télé.

3 -er, -ez *ou* -é? *Complète.*

* **la région** die Gegend

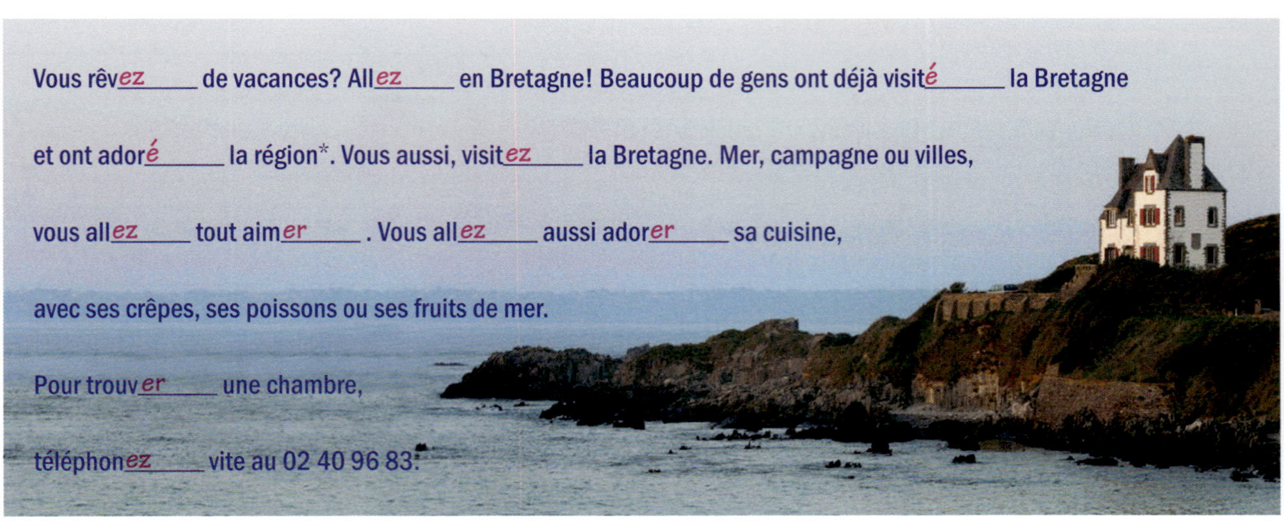

Vous rêvez ___ de vacances? Allez ___ en Bretagne! Beaucoup de gens ont déjà visité ___ la Bretagne et ont adoré ___ la région*. Vous aussi, visitez ___ la Bretagne. Mer, campagne ou villes, vous allez ___ tout aimer ___ . Vous allez ___ aussi adorer ___ sa cuisine, avec ses crêpes, ses poissons ou ses fruits de mer.

Pour trouver ___ une chambre, téléphonez ___ vite au 02 40 96 83.

DELF **1** *Coche la bonne réponse.* (→ Texte, p. 30)

1. Les filles ne parlent pas
   - [ ] parce que les parents de Charlotte sont rentrés.
   - [X] parce qu'elles ne sont pas en forme.
2. Elles sont fatiguées
   - [X] parce qu'elles ont visité Nantes.
   - [ ] parce qu'elles ont écouté des CD hier soir.
3. Elles ont beaucoup marché
   - [X] parce qu'elles ont fait et vu des tas de choses.
   - [ ] parce qu'elles ont cherché des cadeaux pour la famille de Julia.
4. Julia n'a pas acheté de souvenirs
   - [ ] parce que les magasins sont très chers.
   - [X] parce qu'elle a perdu son porte-monnaie.

2 **a** *Fantômas est à Nantes. Complète. Utilise le verbe* voir *au présent (pr.) et au passé composé (p.c.).* (→ Repères, p. 38/3; Les verbes, p. 147)

b Hilf den Polizisten die Nachricht von Fantômas zu entziffern. (→ Lautschrift, p. 120)

J'ai pris le tram pour la cathédrale.

3 **a** *Retrouve, dans la grille, les douze noms de lieux et écris-les avec l'article défini.* (→ Liste des mots, p. 159)

b *Les lettres qui restent donnent un message.*

C	A	T	H	É	D	R	A	L	E	L	E
H	S	F	V	I	M	U	S	É	E	L	P
Â	L	V	I	L	L	E	E	S	O	N	L
T	T	V	T	I	S	I	T	É	Q	N	A
E	A	N	R	T	E	S	E	T	U	E	C
A	L	L	I	E	P	A	S	S	A	G	E
U	S	S	N	O	N	C	A	B	I	N	E
T	F	C	E	N	T	R	E	A	T	I	G
U	M	A	G	A	S	I	N	É	E	S	X

la cathédrale

le musée

la ville

le passage

la cabine

le centre

le magasin

le château

la vitrine

le quai

la place

la rue

Le message: Les filles ont visité Nantes et elles sont fatiguées.

c *À toi. Écris dix mots et un message dans la grille pour ta/ton camarade.* (→ Liste des mots, p. 159)

4 *Qu'est-ce que tu dis?* (→ Repères, p. 38/1; Petit dictionnaire, p. 212)

1. Du sagst, dass du die Frage verstanden hast.

J'ai compris la question.

2. Du fragst deine/n Lehrer/in, ob er/sie Martina gesehen hat.

Est-ce que vous avez vu Martina?

3. Du fragst einen Freund, warum er geweint hat.

Pourquoi est-ce que tu as pleuré?

4. Du fragst deine Mitschüler/innen, ob sie gestern den Film im Fernsehen gesehen haben.

Vous avez vu le film à la télé, hier?

5. Du sagst, dass du mit der Übung Probleme gehabt hast.

J'ai eu des problèmes pour faire l'exercice.

6. Du sagst, dass du eine Stunde gewartet hast.

J'ai attendu une heure!

5 **a** *Retrouve le participe passé ou l'infinitif des dix verbes.* Der letzte Buchstabe einer Verbform ist zugleich der erste der nächsten. (→ Repères, p. 39/4)

écrit

téléphoner

raconté

épeler

fait | rangé | répondre

trouver | écouté | eu

b *Forme maintenant cinq phrases au passé composé avec des participes de* **a** *. Écris dans ton cahier.*

6 **a** *Lis le texte et souligne les verbes au passé composé en vert, puis écris l'infinitif de ces verbes.* (→ Repères, p. 38/3, 39/4)

Hier et aujourd'hui

Hier, tu as travaillé.	travailler
Aujourd'hui, tu dors.	
Hier, elle a chanté.	chanter
Aujourd'hui, elle sort.	
Qu'est-ce que vous avez fait, hier?	faire
Hier, nous avons lu.	lire
Aujourd'hui, nous lisons encore.	
Hier, vous avez appris des choses.	apprendre
Aujourd'hui, vous comprenez tout.	
Hier, ils ont discuté de tout.	discuter
Aujourd'hui, ils ont perdu leur langue.	perdre

b *Continue le texte. Tu peux utiliser les verbes* manger, chanter, voir, faire, écouter, regarder, acheter, écrire.

Hier, j'ai chanté.

Aujourd'hui, je suis fatigué.

Hier, il a mangé des gâteaux.

Aujourd'hui, il mange des abricots.

Hier, nous avons vu nos amis.

Aujourd'hui, nous les voyons aussi.

Hier, vous avez fait une excursion.

Aujourd'hui, vous restez à la maison.

1 *Ça commence mal, mais ça continue bien! Raconte. Relis le texte, p. 32 et écris trois ou quatre phrases.*

Après le rallye, Julia ne trouve pas son porte-monnaie.

Alors, les deux filles le cherchent partout: pas de porte-monnaie.

Mais le soir, quand ils sont à table, un garçon arrive. Il s'appelle Anthony Garenne. Il a trouvé le porte-monnaie de Julia dans une cabine téléphonique.

2 *Complète. Utilise* Il/Elle/Ils/Elles. (→ Repères, p. 38/3)

1. Ils sont arrivés chez leurs correspondants.
2. Elle est partie chez son grand-père.
3. Il est monté sur la colline.
4. Elles sont allées à la mer.

3 **a** *Qu'est-ce qu'il a fait? Raconte. Utilise le passé composé.* (→ Repères, p. 38/3, 39/4)

1. entrer / magasin

2. monter / rayon musique

3. acheter / guitare

4. descendre

5. sortir de / magasin

6. aller rue Tristan Bernard

7. sonner au numéro 18

8. arriver chez M. Guitard

1. Max est entré dans un magasin.
2. Il est monté au rayon musique.
3. Il a acheté une guitare.
4. Il est descendu.
5. Il est sorti du magasin.
6. Il est allé rue Tristan Bernard.
7. Il a sonné au numéro 18.
8. Il est arrivé chez M. Guitard.

b *Qu'est-ce qu'elle a fait? Raconte l'histoire de* **a** *avec Laura comme personnage principal.*
Erzähle die Geschichte von **a** mit Laura als Hauptfigur. Schreibe in dein Heft.

4 *Range les valises dans la bonne armoire.* (→ Repères, p. 38/3, 39/4)

5 *Complète ces mots par des voyelles.*
(→ Liste des mots, p. 161)

Les voyelles: a e i o u

retourner

partout

le commissariat

la valise

la carte d'identité

appeler

le papier

le porte-bonheur

l'équipe

6 **a** *Regarde les dessins et raconte l'histoire dans ton cahier. Utilise le passé composé.*

b *Imagine la fin de l'histoire dans ton cahier.*

DELF **7** *Regarde le programme et réponds aux questions.*

1. Les correspondants arrivent
- [x] lundi après-midi à Nantes.
- [ ] lundi matin à Saint Herblain.
- [ ] lundi après-midi à Sankt Ingbert.

2. Ils viennent
- [ ] en bus.
- [ ] en avion.*
- [x] en train.

3. Où est-ce que les élèves doivent aller le mardi 31 mai à 8 h 30?

Ils doivent aller au collège en salle 301.

4. Le lundi 6 juin, les élèves
- [ ] ont cours.
- [ ] sont en famille.
- [x] vont à la mer.

5. Que font les élèves mardi 7 juin?

Les Allemands partent. Les Français retournent à l'école.

*l'avion *m.* das Flugzeug

Collège privé Saint Dominique
103, avenue de Cheverny
44 807 Saint Herblain

ÉCHANGE FRANCO-ALLEMAND
DU 30/05/05 AU 07/06/05
PROGRAMME DU SÉJOUR

Lundi 30 mai	À 17h08	Arrivée des correspondants à la gare de Nantes – Rendez-vous sur le quai
Mardi 31 mai		Journée «Interview»
	08h30	Rendez-vous en salle 301: formation des groupes
	10h20	Accueil des Allemands par M. Hourcaillou au self
	14h00	Départ pour les interviews – Rendez-vous à l'accueil
	18h00	**Réception des élèves allemands et de leurs correspondants français à la Mairie de Saint Herblain**
Mercredi 1er juin	08h30	Rendez-vous à l'accueil (élèves allemands) Découverte de Nantes – Retour vers 12h30
Jeudi 2 juin Vendredi 3 juin Samedi 4 juin Dimanche 5 juin		En famille
Lundi 6 juin		**Excursion à Sallertaine (près de Challans) et Noirmoutier – Prévoir un pique-nique**
	08h30	Rendez-vous à l'accueil
	09h00	Départ vers Sallertaine
	10h00	Découverte en canoë du marais de Sallertaine
	12h00	Départ vers Noirmoutier – Pique-nique sur l'île – Promenade au Bois de la Chaize – Temps libre sur la plage
	18h00	Visite d'un marais salant Retour vers 20h30
Mardi 7 juin	08h30	Départ des Allemands à la gare de Nantes.

le marais de Sallertaine
le Bois de la Chaize

1 *Complète. Écris le participe passé des verbes.* (→ Repères, p. 39/4)

2 *Le commissaire pense le contraire*. Écris les phrases dans ton cahier.* (→ Repères, p. 39/5)

Hier? Mais je suis resté chez moi, j'ai mangé seul, puis j'ai rangé mon appartement. Après, j'ai écouté des CD, j'ai regardé la télé. Ensuite, je suis allé au lit, j'ai lu une heure et j'ai dormi. Je ne suis pas sorti. Je ne suis pas allé rue du château, je ne suis pas entré chez Madame Brun, je n'ai pas pris son argent!

* **le contraire** das Gegenteil

3

Fais le double V, p. 83 avec ton voisin / ta voisine.

4 **a** *Complète par les formes du verbe* devoir *au présent de l'indicatif.*

b *Qu'est-ce qu'on dit pour* devoir *en allemand? Traduis les phrases de* **a**. *Tu peux utiliser un dictionnaire. Écris dans ton cahier.*

5 **a** *Le rallye de texte.* Versuche die Aufgaben so schnell wie möglich zu lösen. Notiere die Zeit, die du gebraucht hast. (→ Repères, p. 38/1)

1. *Trouve le contraire* de:*

Elle est en forme.

Elle est malade.

C'est la fin.

C'est le début.

2. *Complète.*

Les Bouvier discutent du problème de Julia.

Ils sont à table.

Julia a perdu son porte-monnaie.

* **le contraire** das Gegenteil

3. *Qu'est-ce qu'on dit?*

Sage, dass du Laura und Sylvain kennen gelernt hast.

J'ai fait la connaissance de Laura et Sylvain.

Sage, dass du die Fabel auswendig kannst.

Je sais la fable par cœur.

Sage, dass dein/e Freund/in drei Jahre lang Klavier gelernt hat.

Mon ami(e) a fait trois ans de piano.

b *Prépare, dans ton cahier, un rallye de texte pour tes camarades.*

DELF **6**

Lecture: Un test – Est-ce que tu es ouvert/e?

7 *Fais le test et lis les résultats.* Mache den Test und lies die Ergebnisse.

Tu peux aller en France avec les parents de ton ami/e.
- ◆ Tu dis: Oui, oui, oui!
- ■ Tu dis: Pourquoi pas? C'est pour combien de temps?
- ▼ Tu dis: Oui, mais dans deux ou trois ans.

Tu fais une fête. Tes amis arrivent avec des copains.
- ▼ Tu les regardes et tu dis: Mais je n'ai pas invité vos copains!
- ■ Tu dis: Bonjour! Vous êtes aussi dans notre école?
- ◆ Tu dis: Bonjour, tout le monde! Entrez!

Tu es en vacances avec tes parents. Vous visitez une ville.
- ◆ Tu visites avec eux les musées, la cathédrale: tout t'intéresse.
- ▼ Il y a un grand magasin[1] comme dans ta ville. Tu entres et tu regardes.
- ■ Tu entres vite dans un café.

Tes amis et toi, vous écoutez des CD.
- ▼ Tu veux écouter tes CD.
- ■ Les CD des copains t'intéressent aussi.
- ◆ Tu veux tout de suite écouter la musique de tes copains.

Tu es dans une école en France.
- ▼ Tu penses: Oh là là, c'est l'horreur, ici!
- ◆ Tu penses: Hm ... Ce n'est pas comme chez nous. Mais ça peut être intéressant.
- ■ Tu observes les élèves, les profs et tu regardes souvent l'heure.

A Tu as beaucoup de ◆:
Tu es très ouvert/e, tu aimes apprendre. Mais pense aussi à toi. Quelquefois, il faut être un peu égoïste.

B Tu as beaucoup de ■:
Tu es prudent/e[2] mais assez curieux/curieuse[3] et ouvert/e. Tu aimes bien faire la connaissance de gens.

C Tu as beaucoup de ▼:
L'aventure et toi, ça fait deux. Tu préfères rester dans ton monde[4]. Mais avoir des amis, c'est bien aussi. Parle, invite des copains. Au début, c'est un peu dur, mais après, c'est facile.

1 **le grand magasin** das Kaufhaus 2 **prudent/e** vorsichtig 3 **curieux/curieuse** neugierig 4 **le monde** die Welt

2

Apprendre à apprendre (→ p. 42/10)

8 *Julia a écrit une lettre en français. Lis la lettre. Souligne les six fautes et corrige.*

Cher Anthony,

Merci pour ton lettre. Aujourd'hui, je réponds à tes question. Oui, je suis en forme. J'ai encore beaucoup de souvenir. J'ai beaucoup aimé Nantes, et le mer à Noirmoutier. Bien sûr, j'aime aussi ma ville, mais elle n'est pas assez grand. Pendant le week-end, mes parents et moi, nous sommes allée à la campagne. Et toi, qu'est-ce que tu as fait? Est-ce que tu vas venir à Sankt Ingbert?

À bientôt
Julia

ta lettre
tes questions
beaucoup de souvenirs
la mer
grande
nous sommes allés

Bilan autocorrectif

1 Das Partizip Perfekt Le participe passé

Trouve le participe passé des verbes.

2 Die Bildung des „passé composé“ La formation du passé composé

Mets les phrases au passé composé.

1. Tu visites le château?

2. Elles partent en train?

3. Je suis malade.

4. Il descend à cinq heures.

5. Nous apprenons beaucoup de choses.

6. Vous dormez jusqu'à neuf heures et demie!

3 Die Verneinung im Satz mit dem „passé composé“ La négation avec le passé composé

Ils ne sont pas d'accord.
Utilise la forme négative.

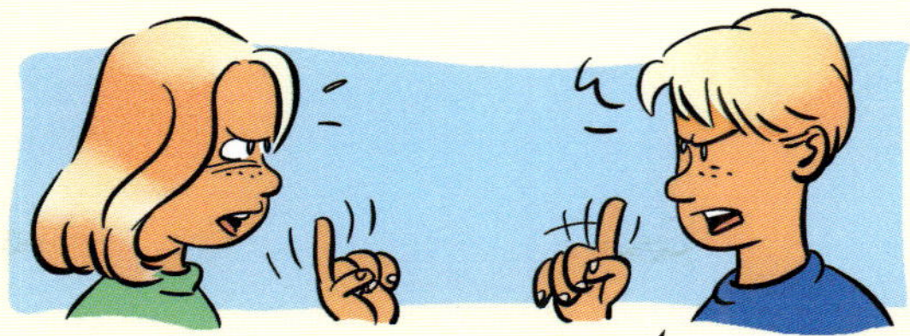

Mais non, ________________
____
____

1. Il a plu.

2. Léa et Nora sont arrivées après nous.
____

3. J'ai répondu aux questions des corres.
____

4. Nous avons pris beaucoup de photos.
____

4 Qu'est-ce qu'on dit?

Forme les phrases.

1. Du sagst, dass du dich nicht wohl fühlst.

____

____

2. Du sagst, dass man etwas nicht ändern kann.

____

3. Du fragst einen Freund / eine Freundin, ob die Sprache in Frankreich ihm/ihr Schwierigkeiten bereitet hat.

____

____

4. Du sagst, dass etwas sicher ist.

____

5 Vocabulaire

Écris les mots avec l'article indéfini un/une.

1 ________________

2 ________________

3 ________________

4 ________________

5 ________________

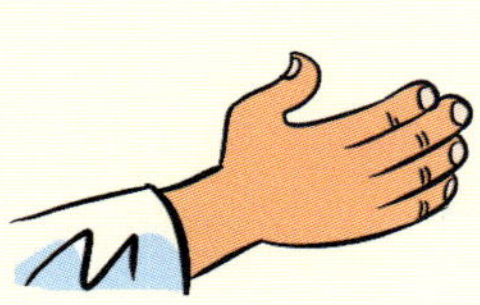
6 ________________

7 ________________

8 ________________

Die Lösungen findest du auf S. 92.

UNITÉ **3** *Un mercredi*

Approches

1 ○ **a** *Trouve les noms. Ajoute l'article défini.*

1. le surf
2. la danse
3. l'acrobatie
4. la gymnastique
5. l'athlétisme
6. le kayak

○ **b** *Range les mots de* **a**. (→ Repères, p. 55/3)

faire du	faire de la	faire de l'
surf	danse	acrobatie
kayak	gymnastique	athlétisme

2 ● *Ils veulent faire du sport. Donne-leur des conseils. Écris dans ton cahier.* (→ Repères, p. 55/3; p. 45/3)

1. J'adore les Alpes.

Alors, fais du ski.

2. Le cirque, ça m'intéresse.
3. La mer et les bateaux, c'est cool.
4. J'aime le vélo et le Massif Central.
5. J'aime bouger et jouer dehors avec des gens.
6. Moi, je voudrais être célèbre comme Thierry Henry.
7. J'adore les animaux et les excursions.
8. Le tango et la salsa, c'est super.
9. Moi, j'aime nager.

3 *Trouve les réponses.* (→ Carte de France, vordere Umschlaginnenseite)

Tu es bon(ne) en géographie? Fais ce quiz.

Les solutions sont à la page 92.

1 La mer entre la France et l'Angleterre s'appelle
- l'océan Atlantique.
- la mer Méditerranée.
- X la Manche.

2 Une de ces villes est dans le Massif Central:
- Besançon.
- X Clermont-Ferrand.
- Paris.

3 Lyon est
- X sur le Rhône.
- sur le Doubs.
- sur la Loire.

4 Un de ces fleuves n'est pas en Bretagne:
- X la Seine.
- la Loire.
- la Vilaine.

5 Une de ces villes n'est pas près de la mer:
- Marseille.
- Brest.
- X Grenoble.

6 À Val d'Isère, on peut faire
- du kayak.
- X du ski.
- de la voile.

1 *Complète.* (→ Liste des mots, p. 164)

«Planète hit»? C'est une [1] super à la radio.
Je dois préparer un [2] sur Jules Verne.
Pour le dessert, on a acheté des [3].
Regardons dans la [4] combien d'œufs il faut.
Je n'aime pas trop le [5], je préfère le jus de fruits.
Je trouve que tu manges trop de [6].
D'abord, le travail, après le [7]!
Tu as déjà mis le jus de [8] dans la crème?
Tu peux m'aider, je ne peux pas [9] faire!
Il est quelle [10]?

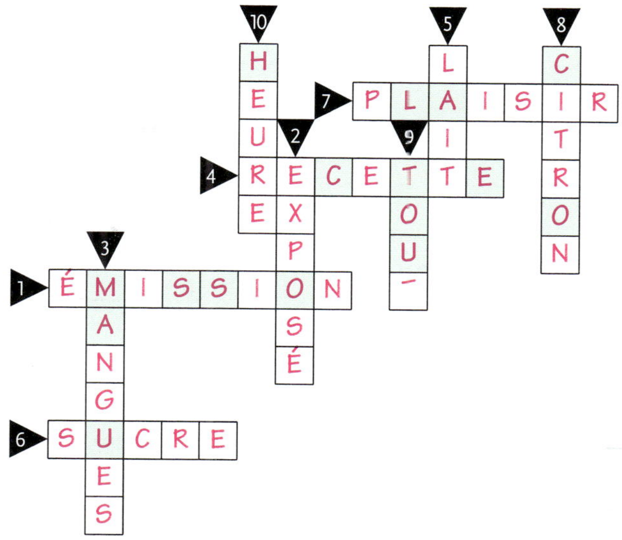

Mets les lettres dans les cases en couleur dans l'ordre et tu trouves quel dessert il y a ce soir chez les Bouvier.

Il y a une mousse au chocolat.

2 *Qu'est-ce qu'on peut acheter au marché?*
Utilise du, de la, de l', des.
(→ Repères, p. 55/3)

der Käse **le fromage**

Au marché, on peut acheter du fromage, des œufs, de la crème, du beurre, du sucre, du miel, de la farine, du jus de fruits, de l'eau, des oranges, des abricots, des mangues, des citrons, des bananes et des ananas.

3 ● *Qu'est-ce qu'il faut pour faire une fête*? Utilise* il faut *et* du, de la, de l', des.
(→ Repères, p. 55/3; Petit dictionnaire, p. 198)

Il faut des idées, (de la musique, des CD, des copains, des guitares, du jus de fruits, des gâteaux, du chocolat.)

* **la fête** die Feier, das Fest

4 *Complète avec les adjectifs* bon/ne, gentil/le, nul/le, parisien/ne.

Chère Julia,

Comment vas-tu? Moi, ça va. Au conservatoire, j'ai fait la connaissance de deux filles sympa, Louise et Patricia. Elles sont parisiennes *mais maintenant, elles habitent à Nantes. Elles sont très* bonnes *en musique. Patricia joue de la clarinette et Louise du piano. Bientôt, on va faire un concert avec elles et Loïc. Mon prof est d'accord pour nous aider: il est* gentil *, non? Ma mère, elle, n'est pas aussi* gentille *. Elle trouve que mes notes à l'école ne sont pas assez* bonnes *. Elle ne comprend pas que j'aime la musique. Mais, elle, elle est* nulle *en musique et elle n'aime pas trop ça.*

Pourquoi est-ce que tu n'as pas encore répondu à mon message? Ce n'est pas très gentil *.*

À+ Charlotte

5 *Complète. Utilise* quel/s *ou* quelle/s. (→ Repères, p. 55/2)

6

La France en direct: Les crêpes

7 *Voilà une recette de crêpes.*

a *Qu'est-ce qu'il faut? Réponds. Utilise* du, de la, de l', des. (→ Repères, p. 55/3; Liste des mots, p. 164)

1 **la pincée** = un peu (die Prise)
2 **le sel** das Salz
3 **le zeste** das Stück Schale

Il faut de la farine, du sel, des œufs, du sucre, du lait, de la confiture, du citron.

b *Et combien? Réponds.* Verwende eine Mengenangabe. (→ Repères, p. 55/3)

Il faut 400 g de farine, une pincée / un peu de sel, quatre œufs, 40 g de sucre, un litre de lait, un zeste / un peu de citron.

c *Comment est-ce qu'on fait les crêpes?* Du kennst zwar nicht alle Wörter, aber mit Hilfe der Zeichnungen kannst du verstehen, wie „crêpes" hergestellt werden. Erkläre die vier Schritte auf Deutsch. *Écris dans ton cahier.*

1 *Remets les phrases dans l'ordre. Écris-les dans ton cahier. Quel est le mot-clé?* (→ Texte, p. 49)

- [O] Alors, il arrive en retard.
- [A] Yann pense que cette discipline n'est pas pour lui.
- [I] Après, il regarde les clowns: ils sont drôles, mais il pense qu'on est vite ridicule.
- [E] Enfin, il trouve quelque chose qu'il voudrait peut-être faire.
- [A] Yann a rendez-vous avec Fabienne à l'école du cirque.
- [C] Elle est dans un quartier que Yann ne connaît pas.
- [T] Une fille et un garçon jonglent. Ça non plus, ce n'est pas pour lui.
- [R] Il demande et redemande son chemin.
- [B] Fabienne a déjà commencé: elle fait du trapèze.

1	2	3	4	5	6	7	8	9
A	C	R	O	B	A	T	I	E

2 ○ *Retrouve les six formes du verbe* connaître. *Écris-les dans ton cahier avec le pronom personnel. Puis écris le message que tu trouves dans la grille.* (→ Les verbes, p. 146)

L	A	C	R	O	C	B	A	T	I	E	A	V	E	C
U	N	V	É	C	O	N	N	A	I	S	S	E	N	T
L	O	C	E	S	N	T	C	O	N	N	A	I	S	P
E	U	T	C	O	N	N	A	Î	T	Ê	T	R	E	U
N	C	O	N	N	A	I	S	S	O	N	S	E	C	H
C	O	N	N	A	I	S	S	E	Z	O	S	E	Q	U
E	Y	A	N	N	S	V	E	U	T	F	A	I	R	E

3 ● *Complète avec les formes du verbe* connaître. (→ Les verbes, p. 146)

4 *Complète avec des formes de* savoir, pouvoir. (→ Liste des mots, p. 167)

1. Il sait parler anglais, mais il ne peut pas le parler avec ses sœurs parce qu'elles ne savent pas encore le parler.
2. – Est-ce que je peux t'aider?
   – Je ne sais pas, Madame. Est-ce que vous savez où est l'école du cirque?
3. Nous allons à l'école du cirque le mercredi. Nous savons jongler avec des assiettes. Mais nous ne pouvons pas le faire à la maison: nos parents sont contre.

5 *Complète. Utilise le pronom relatif* que *ou* où. (→ Repères, p. 56/5)

Nantes est une ville _que_ vous ne connaissez pas encore mais _que_ vous allez aimer. Vous devez visiter le château _où_ les Ducs de Bretagne ont habité. Vous pouvez aussi aller dans un musée _où_ vous allez apprendre beaucoup de choses sur Jules Verne. La Tour Lu _que_ beaucoup de gens trouvent fantastique est un endroit _où_ on peut écouter des concerts, par exemple. Faites une promenade sur les quais _que_ les Nantais aiment beaucoup. Pour les souvenirs _que_ vous voulez acheter à vos parents ou à vos copains, allez au Passage Pommeraye ou dans la rue Crébillon. Mais regardez bien les prix _que_ votre porte-monnaie ne va pas toujours aimer.

6 ○ *C'est où? Explique.* (→ Repères, p. 55/1b)

1. Pour aller au conservatoire, il faut traverser la place. 2. Pour la librairie, il faut prendre la première rue à gauche. 3. Pour la gare, il faut aller/continuer tout droit. 4. Pour aller au supermarché, il faut prendre la deuxième rue à droite. 5. Pour le musée, il faut prendre la quatrième rue à gauche. 6. Le château, c'est la troisième rue à droite.

7 ● **a** *Regarde le plan de Nantes* (→ p. 51/7). *Tu es à la poste. Un touriste a perdu ses papiers et veut aller au commissariat. Explique le chemin dans ton cahier.* (→ Repères, p. 55/1b)

b *Ton correspondant / Ta correspondante est chez toi. Il/Elle veut aller à la poste. Explique le chemin. Écris dans ton cahier.*

3

1 **a** *Note les nombres en chiffres.*

1. Il y a mille kilomètres entre Marseille et Caen.
2. Entre Nantes et Lille, il y a six-cent-huit kilomètres.
3. Rennes est à sept-cent-soixante-dix kilomètres de Lyon.
4. Lyon est à cinq-cent-vingt-huit kilomètres de Bordeaux.
5. De Nice à Lyon, il y a quatre-cent-soixante-treize kilomètres.
6. Pour aller de Calais à Paris, il faut rouler pendant deux-cent-quatre-vingt-neuf kilomètres.

1. 1000
2. 608
3. 770
4. 528
5. 473
6. 289

b *Note les nombres en toutes lettres.* Schreibe die Zahlen aus.

Finlande **358** Polynésie française **689** Tunisie **216**
Guadeloupe **590** Côte d'Ivoire **225**

Pour téléphoner ...

... en Finlande, il faut faire le trois-cent-cinquante-huit.

... en Guadeloupe, il faut faire le cinq-cent-quatre-vingt-dix.

... en Polynésie française, il faut faire le six-cent-quatre-vingt-neuf.

... en Côte d'Ivoire, il faut faire le deux-cent-vingt-cinq.

... en Tunisie, il faut faire le deux-cent-seize.

2 **a** *Parle de Fabienne. Utilise le pronom relatif* qui.
(→ Repères, p. 56/5)

b *Prépare deux devinettes dans ton cahier pour tes camarades de classe. Utilise le pronom relatif* qui.

C'est une fille qui est en quatrième,

qui habite à Nantes. ,

qui fait de l'acrobatie. ,

qui aime la musique. .

3 **a** *Complète cet associogramme dans ton cahier.* (Textes, p. 49, p. 52; Liste des mots, p. 166)

b *Imagine une petite histoire dans ton cahier. Utilise un maximum de mots de* **a**.

DELF **4**

Lecture: Comprendre des informations

DELF **5** **a** *Tu ne connais pas tous les mots mais tu peux comprendre les informations. Lis le texte et réponds aux questions.*

Conduire[1] un cyclomoteur à 14 ans:
Tout savoir sur le Brevet de Sécurité Routière en 8 questions

1 Un BSR, pour quoi faire?
Pour pouvoir rouler en cyclomoteur à partir de[2] 14 ans, le BSR (Brevet de Sécurité Routière) est obligatoire depuis le 1er janvier 2004.

2 Un cyclomoteur, qu'est-ce que c'est?
Un véhicule à deux ou trois roues qui ne dépasse pas 50 cm³ et dont la vitesse maximale est de 45 km/h.

3 À quel âge est-ce qu'on peut rouler en cyclomoteur?
À 14 ans si on a le BSR.

4 Quelles sont les conditions pour passer[3] son BSR?
Avoir 14 ans et avoir déjà son ASSR (Attestation Scolaire de Sécurité Routière) qu'on passe dans les collèges en classe de cinquième et qui est la partie théorique. Elle est obligatoire pour pouvoir passer à la partie pratique, le BSR.

5 Qu'est-ce que le BSR?
C'est une formation[4] pratique de trois heures sous le contrôle d'une personne qualifiée.

6 Comment préparer le BSR?
Il faut s'adresser à des «auto-écoles» spécialisées (Tél: 36 15 Route). La formation coûte environ 50 euros (pour les trois heures).

7 Comment réussir?
Ce n'est pas un vrai examen. Il faut montrer qu'on sait rouler sur les routes et traverser les carrefours correctement, qu'on sait circuler en ville et en dehors de la ville.

8 Que risque un jeune qui roule sans BSR?
Un très grand risque d'accident, bien sûr (6000 victimes âgées de 14 à 16 ans en 1996 dont 100 tuées) mais aussi des problèmes avec l'assurance[5] et on doit payer une amende[6] de 50 à 100 euros.

D'après: Zéro accident

1 **conduire** fahren, steuern 2 **à partir de** ab 3 **passer un examen** eine Prüfung ablegen 4 **la formation** die Ausbildung
5 **l'assurance** *f.* die Versicherung 6 **l'amende** *f.* die Geldstrafe

b *Qu'est-ce qui est vrai? Coche la bonne case.*

1. On peut passer le BSR
   - [ ] avant
   - [X] après

   l'ASSR.

2. Un cyclomoteur peut rouler
   - [ ] à 50 km/h.
   - [X] à 40 km/h.

3. Pour conduire un cyclomoteur, il faut avoir
   - [X] 14 ans.
   - [ ] 16 ans.

4. On passe
   - [ ] son BSR
   - [X] son ASSR

   au collège.

5. L'ASSR est une formation
   - [ ] pratique
   - [X] théorique

   pour apprendre à circuler.

6. On prépare le BSR
   - [X] dans une auto-école spécialisée.
   - [ ] en cinquième au collège.

7. Rouler sans son BSR
   - [X] est très dangereux et interdit.
   - [ ] n'est pas un problème.

Réviser: Les pronoms personnels objet

6 **a** *Souligne le verbe et son complément. Puis, écris le verbe à l'infinitif et traduis-le en allemand.*

b Ergänze dann die Antworten mit den Objektpronomen le, la, l' oder les.

	Infinitiv mit Ergänzung	Übersetzung
1. Est-ce que le conducteur de la voiture voit l'homme à vélo ? – Non, il ne __le__ voit pas.	voir qn	jemanden sehen
2. Est-ce que tu connais la chanteuse Sinentian? – Oui, je __la__ connais.	connaître qn	jemanden kennen
3. Est-ce que tu mets ton casque et tes protections quand tu fais du roller ? – Oui, je __les__ mets toujours.	mettre qc	hier: tragen
4. Est-ce que tu mets le couvert chez toi? – Oui, je __le__ mets au petit-déjeuner.	mettre (le couvert)	den Tisch decken
5. Tu es bon en maths. Est-ce que tu aides tes copains? – Oui, je __les__ aide.	aider qn	jemandem helfen
6. Quand est-ce que tu écoutes la radio? – Je __l'__ écoute le mercredi après-midi.	écouter qc	etwas zuhören

Apprendre à apprendre

7 **Wie du Vokabeln umschreiben kannst** (→ p. 59/11)

a *Regarde la carte de la Bretagne* (→ hintere Umschlagseite). *Décris une ville ou une île sans dire son nom. Écris dans ton cahier.*

C'est	une ville une île	qui est	en face de _______ . au bord de la mer / la Manche* / l'océan. au bord de la Loire. dans les Côtes d'Armor. pas loin de (près de) _______ .

b *Prépare d'autres devinettes avec des villes et des fleuves de ton pays. Écris dans ton cahier.*

*au bord de la Manche am Ärmelkanal

Bilan autocorrectif

1 Der Teilungsartikel und die Mengenangaben L'article partitif et les quantifiants

Complète.

On a encore __________ farine, mais on n'a plus __________ chocolat.

____

____

____

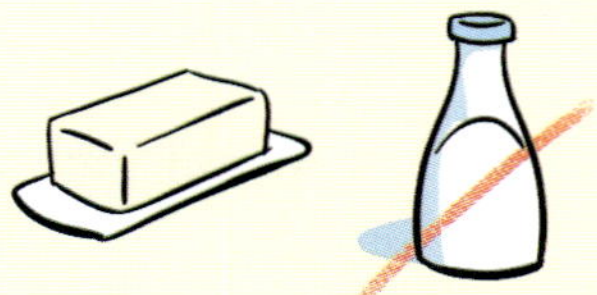

____

____

2 Qu'est-ce qu'on dit?

a Du fragst deine/n Brieffreund/in, welchen Sport er/sie treibt.

____

Du fragst deine/n Brieffreund/in, ob er/sie Hunger oder Durst hat.

____

b Auf der Straße erklärst du einer französischen Touristin, wie sie zum Supermarkt kommt: Sie soll in die zweite Straße rechts einbiegen, geradeaus bis zur dritten Ampel weiterfahren. An der Kreuzung soll sie links einbiegen. Nach 500 Metern findet sie den Supermarkt auf der linken Seite.

____

____

____

____

____

3 Die Fragebegleiter Les déterminants interrogatifs

Jörg écrit à son correspondant. Complète les questions.

Moi, j'ai treize ans, Et toi, tu as ________ âge? Je suis en cinquième. Tu es dans ________ classe?

J'aime les romans de Jules Verne et les bédés de Titeuf. Et toi, ________ livres ou ________ bédés est-ce que tu lis?

Le mercredi, je fais de l'athlétisme et du VTT. ________ sports est-ce que tu pratiques?

4 Die Relativpronomen Les pronoms relatifs

Complète.

Jules Verne, ________ est né à Nantes, a écrit beaucoup de livres ________ beaucoup de jeunes aiment encore lire aujourd'hui. «L'Île mystérieuse», «Vingt mille lieues sous les mers» racontent des histoires fantastiques dans des endroits ________ sont souvent dangereux, mais ________ tout est possible.

5 Die Zahlen Les nombres

Voici les numéros qui ont gagné. Écris les nombres en toutes lettres.

234 556 991 199 803

Le ________________________________

____

____

____

____

6 Les verbes

Complète. Utilise des formes de connaître *ou* savoir.

– Nous ________________ un garçon super qui ________________ jongler avec des assiettes.

– Vous le ________________ aussi?

– Je ne ________________ pas. Vous ________________ comment il s'appelle?

Die Lösungen findest du auf S. 93.

UNITÉ 4 *Non à la violence!*

Approches

1

Fais le tandem, p. 85 avec ton voisin / ta voisine.

2 ○ *Souligne les compléments d'objet direct en bleu* (blau) *et les compléments d'objet indirect en vert* (grün) *dans les questions. Complète ensuite les réponses. Utilise* le, la, l', les *ou* lui, leur. (→ Repères, p. 74/2)

1. – Est-ce que tu téléphones à Sébastien?
   – Oui, je ___lui___ téléphone tout de suite.
2. – Quand est-ce que tu retrouves tes copains?
   – Je ___les___ retrouve à cinq heures et demie.
3. – Qu'est-ce qu'on achète à Maryline?
   – On ___lui___ achète un livre sur le VTT.
4. – Comment est-ce que vous trouvez ce livre?
   – Nous ___le___ trouvons super.
5. – Qu'est-ce qu'on donne à Yann et à Fabienne?
   – On ___leur___ donne une chanson.
6. Vous écoutez la chanson contre la violence?
   – Oui, nous ___l'___ écoutons.
7. – Tu as déjà écrit à ton corres?
   – Non, je vais ___lui___ écrire mercredi après-midi.

3 ● *Complète. Utilise un pronom objet direct ou indirect:* le, la, les, l' *ou* lui, leur. (→ Repères, p. 74/2)

De quatre à cinq, les élèves de la cinquième A ont cours avec Mme Lecoq. Elle ___leur___ dit qu'aujourd'hui, ils vont écouter une chanson. Ils ___l'___ écoutent. Mme Lecoq ___leur___ demande comment ils trouvent la musique. Charlotte ___lui___ répond qu'elle ___la___ trouve super, mais qu'elle ne comprend pas les paroles. Les élèves sont d'accord avec Charlotte. Alors, Mme Lecoq rejoue la chanson, une fois, deux fois ... Elle veut savoir si les élèves comprennent les paroles, maintenant. Oui, ils ___les___ comprennent assez bien. Mais il y a beaucoup de mots qu'ils ne connaissent pas. La prof ___leur___ donne le texte et ils ___le___ lisent. À la fin du cours, Mme Lecoq passe la chanson encore une fois et les élèves ___la___ chantent aussi.

1 *Mets les phrases dans l'ordre et trouve le mot-clé. Puis, écris les phrases dans ton cahier.* (→ Texte, p. 64)

1	2	3	4	5	6	7	8	9	10
C	O	U	R	A	G	E	U	S	E

- U D'abord, Charlotte continue son chemin, puis elle hésite.
- G Alors, elle crie: «Au secours».
- S Le petit, lui, pleure: il n'a plus de portable et il est blessé.
- C Dans la rue, un petit téléphone avec son portable.
- E Les jeunes vont avec lui à la pharmacie.
- E Deux jeunes hommes l'entendent et viennent vers le groupe.
- A Ils lâchent le petit et tiennent Charlotte par le bras.
- U Les deux garçons ont peur et partent vite ... mais avec le portable.
- O Deux garçons agressent le petit parce qu'ils veulent avoir son portable.
- R Enfin, elle revient vers les deux garçons et leur parle.

2 *Ils sont comment? Réponds. Utilise* être courageux, être heureux *ou* être malheureux. *Fais attention aux accords!*

Elles sont malheureuses.

Elle est courageuse.

Il est heureux comme un poisson dans l'eau.

Elles sont courageuses.

Ils sont heureux.

Il (n)'est (pas) courageux.

3 *Complète. Utilise* me/m', te/t', lui, nous, vous, leur. (→ Repères, p. 74/2)

4 *Complète.* (→ Liste des mots, p. 170)

Je ne peux pas téléphoner parce que j'ai oublié mon [1].
Ma mère travaille dans une [2].
Je suis blessé mais ce n'est pas [3].
J'ai mal à la [4].
Ma sœur a [5] des chiens.
Cet enfant est [6]. Il a mal au [7], mais il ne pleure pas.

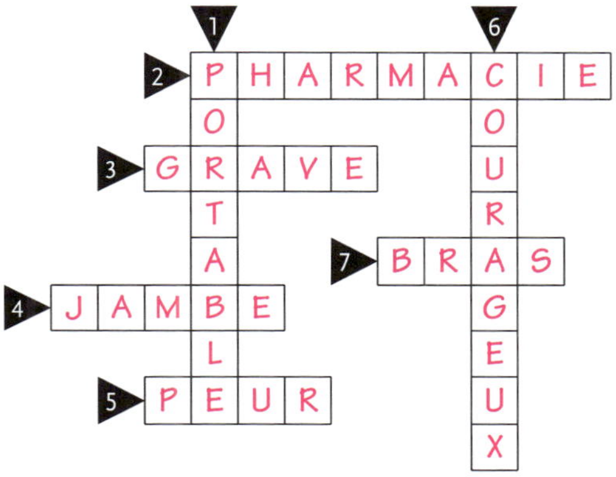

5 *Trouve le sens* des mots.*

Tu connais:

bon
blessé/e
la peur
malheureux/malheureuse
merci
aimer
mal
courageux/courageuse

Alors tu peux comprendre:

1. le malheur — das Unglück
2. le bonheur — das Glück
3. la blessure — die Verletzung
4. le courage — der Mut
5. l'amour — die Liebe
6. amoureux/amoureuse — verliebt
7. peureux/peureuse — ängstlich
8. remercier quelqu'un — sich bei jemandem bedanken

* le sens
die Bedeutung

6 ○ *Transforme les phrases. Utilise l'impératif négatif.* (→ Repères, p. 75/6)

1. N'oubliez pas vos devoirs.
2. Ne parlez pas allemand pendant le cours de français.
3. Ne téléphonez pas pendant le cours.
4. Ne chantez pas pendant le cours de maths.
5. Ne rêvez pas pendant le cours.
6. N'arrivez pas en retard.

7 ● **a** *Lis le rap du* «Ne fais pas ça». (→ Repères, p. 75/6)

Ne va pas trop dans la rue.
Ne fais pas trop de vélo.
Ne joue pas du piano.
Fais tes devoirs.
Faites vos devoirs.

Ne parle pas quand tu manges.
Ne prends pas trop de coca.
Ne mange plus de chocolat.
Dis bonjour à la dame.
Dites bonjour à la dame.

Mange ton poisson.
Ne mange pas de bonbons.
Ne va plus au ciné.
Range ta chambre.
Rangez votre chambre.

b *Continue le rap dans ton cahier. Ajoute encore une ou deux strophes. Utilise l'impératif (négatif).* Verwende den (verneinten) Imperativ.

Tu peux utiliser:

faire la bise à mémé/pépé/___ faire du / de la / des / de l' ___ manger
aller à la / au / aux / à l' ___ monter partir crier pleurer
regarder la télé aider qn acheter écouter regarder

Réviser: Les verbes – l'infinitif et le participe

8 *Note l'infinitif et le participe des verbes.* (→ Les verbes, p. 145)

		infinitif	*participe passé*
Yann:	Vous venez avec moi? On fait un tour en ville?	venir, faire	venu, fait
Charlotte:	Non, je ne peux pas. J'ai mon cours d'accordéon.	pouvoir, avoir	pu, eu
Clémence:	Moi, je dois préparer un exposé.	devoir	dû
Mehdi:	Moi, je vais chez ma grand-mère. Elle m'attend.	aller, attendre	allé, attendu

DELF **1** **a** *Réponds aux questions.* (→ Texte, p. 68)

1. Comment sont les deux garçons qui ont volé le portable du petit? Décris-les.

Un des deux est assez grand et brun, son copain est blond et pas très grand.

2. Pourquoi est-ce que Charlotte ne veut pas aller chez le principal?

Elle ne veut pas dénoncer les deux types.

3. Quelle est la solution que Yann propose?

Il pense qu'ils peuvent parler à Leila, une surveillante. Il est sûr qu'elle va avoir une idée.

4. Une opération «ruban vert», qu'est-ce que c'est?

C'est une opération contre la violence pour aider des camarades en danger.

b *Pose deux autres questions sur le texte pour tes camarades. (N'oublie pas les réponses pour les corriger.) Écris dans ton cahier.*

2 *Retrouve les verbes dans le ruban vert. Écris-les, puis forme une phrase.*
(Les verbes, p. 145; Liste des mots, p. 171)

lancer	(Nous lançons une opération.)
agresser	(Deux types ont agressé ma sœur.)
dénoncer	(Charlotte ne veut pas dénoncer les deux types.)
offrir	(J'offre un portable à mon frère.)
crier	(Pourquoi est-ce que tu cries?)
frapper	(Ne frappez pas les petits.)
hésiter	(N'hésitez pas, parlez.)
exagérer	(C'est très grave, je n'exagère pas.)
accepter	(Nous n'acceptons pas la violence.)
porter	(Les enfants portent un ruban vert.)

3 *Ce n'est pas vrai! Corrige les phrases. Dis le contraire*. Utilise* ne ... rien *ou* ne ... personne.

1. Après ses devoirs, Loïc fait une balade à vélo.

Loïc ne fait rien.

2. Mercredi après-midi, Yann rencontre ses copains.

Yann ne rencontre personne.

3. Le fils de notre voisine agresse les petits.

Le fils de notre voisine n'agresse personne.

4. Souvent, Clémence regarde un film à la télé.

Souvent, Clémence ne regarde rien.

5. Charlotte et sa sœur interrogent leurs voisins.

Charlotte et sa sœur n'interrogent personne.

6. Après le repas, Mme Bouvier raconte une légende à ses enfants.

Après le repas, Mme Bouvier ne raconte rien à ses enfants.

7. Pendant le week-end, Mehdi lit beaucoup de bédés de Titeuf.

Pendant le week-end, Mehdi ne lit rien.

8. Pendant l'échange, Fabienne fait la connaissance de Felix et de Julia.

Pendant l'échange, Fabienne ne fait la connaissance de personne.

* **le contraire** das Gegenteil

DELF **4**

Fais l'exercice auditif à la page 89.

5 **a** *Traduis ces phrases dans ton cahier.* (→ Liste des mots, p. 172)

1. Ça te dit quelque chose?
2. Tu exagères!
3. Tu n'es jamais à l'heure.
4. Je suis désolé(e).
5. Elle me fait peur.
6. Ce n'est pas trop grave.
7. Au secours!
8. Tu as raison.
9. Ne crie pas comme ça!
10. Fais voir.

b *Imagine une situation et écris un dialogue ou une histoire avec des dialogues dans ton cahier. Utilise au moins cinq phrases de* **a** .

Exemples de situations:
«À l'école du cirque», «En VTT en Auvergne», «Devant le château de Nantes», «Au ski, à ___», etc.

Petit portfolio de français

Mit deinem „Petit portfolio de français" kannst du deine Französischfähigkeiten in den verschiedenen Bereichen Hören, Lesen, Sprechen, Schreiben und Landeskunde in diesem Lernjahr feststellen. Schlage dein Portfolio hierzu regelmäßig auf – am besten, nachdem du einen bilan autocorrectif abgeschlossen hast. Gehe die einzelnen Punkte durch und schätze dich selbst ein. (→ Haus)

Nom, prénom ____________________

Classe ____________________ Année scolaire 20______ – 20______

Nom et adresse de l'école ____________________

____

Langues que j'apprends à l'école ____________________

____

Pays où je suis déjà allé(e) ____________________

Oncle, tante, cousins ... / ami(e)s / correspondant(e)s dans d'autres pays ____________________

____

____

Moi, la France et le français

Quand j'entends le mot «France» je pense à ... (personnes, endroits, objets)

____

____

____

Mes cinq mots préférés en français

____

____

Mes activités préférées en cours de français

____

____

Wie gut kannst du diese Tätigkeiten?
Kreuze die Kästchen entsprechend an.

- noch nicht so gut
- gut
- sehr gut

Petit portfolio de français

La France et Les Français

Frankreich und die Franzosen

- Ich weiß etwas über Nantes.
- Ich kann etwas über
  - – die geographische Lage,
  - – Umweltprobleme,
  - – die Sprache,
  - – die Musik der Bretagne sagen.
- Ich weiß etwas über die Geschichte Frankreichs.
- Ich weiß etwas über die Geographie Frankreichs.
- Ich weiß, wer Tahar Ben Jelloun ist.
- Ich weiß, was ein „département" ist.
- Ich weiß, was ein „TGV" ist.
- Ich weiß etwas über das Leben und Werk von Jules Verne.

J'écoute et je sais ...

Ich höre und ich kann ...

... Auskünfte über Abfahrt- und Ankunftzeiten eines Zuges verstehen.
... verstehen, was eingekauft werden soll.
... eine Wegbeschreibung verstehen.
... einen Wetterbericht verstehen.
... die Angaben einer Verkäuferin zu Kleidungsstücken verstehen.
... eine Personenbeschreibung verstehen.
... ein Telefongespräch führen.
... das Thema eines kurzen Gespräches verstehen, auch wenn ich nicht alle Wörter kenne.
... CD- oder Kassettenaufnahmen zum Lehrwerk folgen.

Je parle et je sais ...

Ich spreche und ich kann ...

... sagen, was ich (nicht) gerne habe und (nicht) gerne tue und jemanden dazu befragen.
... mich über Freizeitaktivitäten äußern.
... ein Bild beschreiben.
... Vorschläge machen.
... meine Meinung äußern.
... über Ereignisse in der Vergangenheit sprechen.
... über das Wetter reden.
... über mein Befinden sprechen und jemanden fragen, wie er sich fühlt.
... nach dem Weg fragen und einen Weg erklären.
... über meine Leistungen in den verschiedenen Schulfächern sprechen.
... sagen, wann ich geboren bin.
... über Mode sprechen.
... telefonisch ein Zimmer reservieren.
... nach der Bedeutung eines französischen Wortes fragen.
... sagen, dass ich etwas (nicht) verstanden habe.

Je lis et je sais ...

Ich lese und ich kann ...

... einen Brief oder eine E-Mail verstehen, wenn jemand über sich und seine Umgebung berichtet.
... ein Austauschprogramm verstehen.
... ein einfaches Rezept verstehen.
... einfache Gedichte und Chansons verstehen.
... Auszüge aus Jugendbüchern und Comics verstehen.
... einen Text mit Hilfe von Schüsselwörtern erschließen.
... mit Hilfe einer Beschreibung jemanden identifizieren.
... wichtige Computerbegriffe entschlüsseln.
... Texte, die ich selbst geschrieben habe, selbst korrigieren.

J'écris et je sais ...

Ich schreibe und ich kann ...

... ein Programm für einen Schulaustausch auf Französisch erstellen.
... einen Text über die Sehenswürdigkeiten meines Wohnortes schreiben.
... mich, meine Familie, meine Freunde, meine Stadt in einem Brief vorstellen.
... meine Meinung über Themen wie z.B. Schule, Mode, Gewalt, Umwelt äußern.
... eine Einkaufsliste zusammenstellen.
... ein leichtes Rezept aufschreiben.
... eine Person beschreiben.
... die Haupteigenschaften einer Person schildern.
Ich weiß, wie man einen Brief beginnt und beendet.

Meine besonderen Tricks beim Französisch lernen

So merke ich mir Wörter:

☐ Zu jedem Wort male ich ein Bild.
☐ Ich habe mir eine Vokabelkartei/Verbkartei angelegt.
☐ Ich bilde eigene Sätze mit den neuen Wörtern.
☐ Ich erstelle Vokabelnetze.

So wiederhole ich die Grammatik:

☐ Ich arbeite mit den Repères in meinem Schülerbuch.
☐ Ich wiederhole Übungen aus dem Schülerbuch und aus dem Carnet.
☐ Ich formuliere die neuen Regeln mit meinen eigenen Worten.
☐ Ich merke mir die Lerntipps im Grammatikheft.

So verbessere ich meine Aussprache:

☐ Ich höre regelmäßig die Audio-CD und spreche die Sätze/Texte nach.
☐ Ich spreche selbst auf Kassette.
☐ Ich singe die Lektionstexte.
☐ Ich achte auf die Lautschrift in der Vokabelliste im Anhang des Schülerbuchs.

So erschließe ich mir Texte:

☐ Ich lese sie zwei- bis dreimal durch.
☐ Ich achte zunächst auf die Überschrift, auf Bilder und Fotos und überlege mir, was das Thema des Textes sein könnte.
☐ Ich suche nach Wörtern, die mir wichtig erscheinen, und schreibe sie auf.
☐ Ich suche nach bekannten Wörtern oder Wörtern, die ich aus dem Deutschen oder Englischen kenne.

So korrigiere ich meine eigenen Texte:

☐ Ich lese sie mehrmals durch und achte jedesmal auf eine bestimmte Sache.
☐ Bei jedem Satz überprüfe ich, ob ich an alle Angleichungen gedacht habe.
☐ Wenn ich mir über die Schreibweise, die Bedeutung oder das Geschlecht eines Wortes im Unklaren bin, schlage ich im Anhang des Schülerbuchs nach.

1 *Complète.* (→ Liste des mots, p. 174)

Le film est très drôle. On va [1].
– Tu fais du sport? – Oui, je fais du [2].
Fais [3] quand tu traverses la rue.
Le bandit a fait un [4] à son camarade et ils sont vite partis.
Les [5] de la violence ont souvent peur.
Je ne comprends pas. Est-ce que tu peux me donner un [6]?
Est-ce que vous avez vu votre [7]? Oui, mais je ne le connais pas.
Ne crie pas: C'est [8].

1 RIGOLER
2 JUDO
3 ATTENTION
4 SIGNE
5 VICTIMES
6 EXEMPLE
7 AGRESSEUR
8 INUTILE

On va lancer une opération RUBAN VERT ↑

2 *Complète. Écris les noms avec l'article défini.* (→ Liste alphabétique, p. 198)

la tête
sg. l'œil (m.)
pl. les yeux
la langue
le ventre
la jambe
le pied
la dent
la main
l'oreille (f.)
le bras

3 **a** *Retrouve l'ordre des mots et écris les phrases dans ton cahier.* (→ Repères, p. 75/7)

b *À toi. Écris encore trois phrases dans ton cahier comme en* **a** *pour ton/ta voisin/e. N'oublie pas la solution pour le/la corriger.*

1. jamais écouté n' émission avons cette nous
2. à n' rien ai Leïla je offert
3. personne vu le a policier n'
4. sœur a n' ma personne invité
5. a pourquoi la n' victime est-ce que dit rien ?
6. rien les vont ne enfants soir ce faire
7. personne ne agresser devez vous
8. sont en parents jamais mes ne allés France
9. à n' est-ce que vous personne pourquoi avez écrit
10. suis chien jamais ne je allée la à pharmacie mon avec

4 ○ *Complète.* (→ Repères, p. 75/4)

1. Tu chois<u>is</u>______ quel sport?
2. Ils réfléch<u>issent</u>______ et réag<u>issent</u>______ bien.
3. Elle chois<u>it</u>______ le judo.
4. Au concert, nous avons beaucoup applaud<u>i</u>______ .
5. Moi, je réfléch<u>is</u>______ d'abord, j'ag<u>is</u>______ après.
6. Nous ag<u>issons</u>______ d'abord, nous réfléch<u>issons</u>______ ensuite.
7. Quelle recette chois<u>issez</u>______-vous?

5 ● **a** *Retrouve les verbes et écris-les dans ton cahier.*

b *Quels verbes ont la même conjugaison? Fais des groupes, puis conjugue un verbe de chaque groupe au présent. Écris dans ton cahier.*

6 *Nathan et ses copains réfléchissent au problème de la violence. Ils écrivent au magazine «Okapi – Opération Ruban vert» pour poser leurs questions. Écris les questions qu'ils vont poser dans ton cahier. Utilise l'inversion.*
(→ Repères, p. 75/8)

Ils veulent savoir ...
1. ... pourquoi il y a des agresseurs dans les écoles.
2. ... pourquoi on ne dénonce pas toujours la violence.
3. ... comment on peut aider les victimes de la violence.
4. ... quel âge il faut avoir pour lancer une opération.
5. ... comment on lance une opération «ruban vert».
6. ... s'il faut acheter le «ruban vert».

Réviser: Les adjectifs

7 **a** *Relie et retrouve les adjectifs féminins. Puis, écris les formes au masculin.*

bru	ve
coura	ne
mala	aire
seu	geuse
solid	le
jo	lie
dr	nde
blo	ôle
nul	le
bon	tille
for	ne
gen	te
gra	de

<u>brun</u>______
<u>courageux</u>______
<u>malade</u>______
<u>seul</u>______
<u>solidaire</u>______
<u>joli</u>______
<u>drôle</u>______
<u>blond</u>______
<u>nul</u>______
<u>bon</u>______
<u>fort</u>______
<u>gentil</u>______
<u>grave</u>______

b *Complète les phrases. Utilise des adjectifs de* **a** *. Attention aux accords!*

1. Sandrine n'a jamais peur, elle est très <u>courageuse</u>______ .
2. Il a beaucoup d'amis: il n'est jamais <u>seul</u>______ .
3. Charlotte et Clémence veulent aider les camarades en danger. Elles sont <u>solidaires</u>______ .
4. Avec Yassine et Laetitia, on rigole beaucoup. Ils sont très <u>drôles</u>______ .
5. Le petit est blessé, mais ce n'est pas très <u>grave</u>______ .

Lecture: Le courrier des lecteurs

DELF **8** **a** Auch wenn du nicht alle Wörter kennst, kannst du diesen Text verstehen. *Lis la lettre et la réponse.*

Que faire dans ma classe?
«Dans ma classe, il y a un garçon qui se fait frapper. Moi, je voudrais faire quelque chose mais j'ai peur que ça me retombe dessus. Qu'est-ce que je peux faire pour l'aider avant que ça tourne mal?»
Anonyme, 14 ans
En parler! Tout de suite! Va voir un adulte du collège en qui tu as confiance, explique-lui la situation. Dis-lui aussi que tu as peur. C'est aux adultes de trouver des solutions, mais toi, tu dois oser parler.

www.rubanvert.net
→ Dialogue avec Madame «Non à la Violence»: Sonia Heinrich, responsable du Comité national de lutte contre la violence à l'école au ministère de l'Éducation nationale, te répond.

b *Réponds aux questions dans ton cahier.*

1. Quel est le problème d'«Anonyme»?
2. Pourquoi est-ce qu'«Anonyme» ne fait rien?
3. Qu'est-ce que Mme «Non à la Violence» lui dit? Qu'est-ce qu'il faut faire?

c *Réponds à la lettre d'«Anonyme» dans ton cahier.*

D'après: Okapi

La France en direct: Comprendre les SMS

9 **a** *Qu'est-ce que ça veut dire? Regarde les messages et relie.*

:-)	1	a	bises
;-(	2	b	Je suis content/e.
X-(	3	c	Je suis malheureux/-euse.
:X	4	d	Je t'aime.
:O	5	e	Je suis étonné/e.[1]
:-*	6	f	Je suis furieux/-euse.[2]

1 **étonné/e** erstaunt 2 **furieux/-euse** verärgert
3 **déchiffrer** entschlüsseln

b *Déchiffre[3] le message. Écris-le en français standard.*

J'ai offert un cadeau à Éléna,
elle est contente.

Apprendre à apprendre (→ p. 78/8)

10 *Lis le texte deux ou trois fois. Qu'est-ce que tu comprends? Souligne les mots du texte que tu trouves importants* (Schlüsselwörter) *et résume le texte dans ton cahier avec «tes» mots.*

Ton portable sait écrire!

Depuis 1999 on peut échanger des petits messages bien pratiques: les textos ou SMS. Avec le *Short Message Service* (ou service de message court) on peut rester en contact avec les gens qu'on aime sans leur parler …
Impossible de taper le texte d'un livre sur ton portable mais tu peux écrire jusqu'à 160 caractères (lettres et signes) qui ressemblent à des rébus.
Le texto est utile parce qu'il est discret. On peut écrire pour dire bonjour, pour prendre rendez-vous avec les copains ou demander le numéro de l'exercice de maths ou de français, mais aussi pour parler de ses problèmes, de ses humeurs, de ses rêves sans déranger personne. D'ailleurs, les jeunes adorent les smileys, ces petits mots-images que l'on découvre quand on tourne son téléphone ou … sa tête. En plus, on peut aussi conserver les messages qu'on aime ou qu'on trouve drôles.
Le SMS, C COOL!

D'après: Tout à lire

Bilan autocorrectif

1 Vocabulaire

Note les mots avec l'article défini.

1. ______________________
2. ______________________
3. ______________________
4. ______________________
5. ______________________
6. ______________________
7. ______________________
8. ______________________
9. ______________________

2 Qu'est-ce qu'on dit?

Während einer Diskussion bist du der Meinung, dass ...

... etwas unnütz ist. ______________________

... Philippe Recht hat. ______________________

... man mit gutem Beispiel vorangehen muss.

____

Du beruhigst Sandra: Sie braucht keine Angst zu haben, ihr werdet den Opfern der Gewalt helfen.

____

Ihr solltet ja nicht egoistisch sein und eine Aktion ins Leben rufen.

____

3 Conjugaison: Les verbes en *-ir*

Retrouve les formes et écris-les.

vous avez réag | elle chois | elles chois | tu réag | tu as ouv | vous offr | ils ag | on applaud | nous applaud | je réfléch

ez | is | ert | i | issent | issons | it | is | it | issent

____
____
____
____

4 Die indirekten Objektpronomen Les pronoms d'objet indirect

Complète.

1. – Tu as écrit à ton copain?

   – Oui, je ______ ai écrit.

2. – Qu'est-ce que tu as acheté à tes parents?

   – Je ______ ai offert un DVD.

3. – Qu'est-ce que tu as raconté à ta sœur?

   – Je ______ ai raconté une histoire de Jules Verne.

4. – Qu'est-ce que votre prof vous a proposé?

   – Il ______ a proposé un voyage à Paris.

4

5 Die Verneinung La négation

Réponds aux questions. Utilise Non *et* ne ... rien, ne ... jamais *ou* ne ... personne.

1. Est-ce que Charlotte a déjà été en Allemagne? Non, elle ______
2. Est-ce que tu as vu quelqu'un dans la rue? ______
3. Est-ce que tes parents ont dit quelque chose? ______

6 Die Adjektive Les adjectifs

Retrouve le bon adjectif et fais l'accord.

courageux
heureux
malheureux
nombreux

1. Mon frère est ______ parce qu'il ne peut pas sortir ce soir.
2. – Beaucoup d'élèves viennent au concert?

   – Non, nous n'allons pas être ______ .
3. – Charlotte et Clémence ont peur?

   – Non, elles sont ______ .
4. Elle est ______ : elle a eu son ASSR.

7 Die Inversionsfrage La question avec l'inversion du sujet pronominal

Transforme les questions. Utilise l'inversion.

1. Est-ce que vous portez votre ruban vert?

______

______

2. Comment est-ce qu'on passe son ASSR?

______

______

Die Lösungen findest du auf S. 94.

Règles du jeu
Spielregeln

Ihr könnt dieses Spiel zu dritt, zu viert oder zu fünft spielen.
In jeder Gruppe übernimmt ein/e Spieler/in die Rolle des Spielleiters.

Zum Spielen braucht ihr:
einen Würfel
einen Stein (oder einen Knopf) pro Spieler/in

Die Spieler decken die Seite mit den Lösungen ab und haben das Spielbrett vor sich (→ S. 55), der Spielleiter hat die Fragen mit den Lösungen vor sich (→ S. 54).

Jede/r Spieler/in würfelt der Reihe nach. Der Spielleiter liest die entsprechende Frage vor und überprüft die Antwort mit Hilfe der Lösungen. Ist eine Antwort nicht richtig, so kehrt der Spieler / die Spielerin zu dem Feld zurück, von dem er/sie gewürfelt hat. Wer als erste/r am Konzertort angekommen ist, hat gewonnen.

Guitare: Grammaire

	Questions	*Réponses*
1	Wie lautet die erste Person Plural des Verbs „connaître“ im Präsens?	nous connaissons
2	Mit welchem Hilfsverb werden die Verben „arriver“ und „partir“ im „passé composé“ konjugiert?	être
3	Welches ist das Partizip Perfekt von „prendre“?	pris
4	Wie lautet die erste Person Singular von „attendre“ im „passé composé“?	j'ai attendu
5	Nenne fünf Verben, die im „passé composé“ mit „être“ konjugiert werden.	entrer, sortir, aller, (re)venir, monter, descendre, tomber, rester, retourner
6	Die zwei Hilfsverben in Französisch sind [?] [?].	avoir (haben), être (sein)
7	je lis → j'ai [?] / je vois → j'ai [?]	j'ai lu / j'ai vu
8	Buchstabiere: „nous lançons“.	l – a – n – («c cédille») – o – n – s

Piano: Parlons français

1	Du hast Angst. Was ruft man da?	J'ai peur. / Au secours!
2	Du sagst, dass du zu Fuß zur Schule gehst.	Je vais à l'école à pied.
3	Etwas ist dir egal.	Ça m'est égal.
4	Du fragst, was jemand sagt.	Qu'est-ce que tu dis? / Qu'est-ce que vous dites?
5	Du bietest jemandem Hilfe an.	Je peux t'aider? / Je peux vous aider?
6	Du gratulierst jemandem zum Geburtstag.	Bon anniversaire.
7	Du bist müde.	Je suis fatigué/e.
8	Du hast etwas nicht verstanden.	Je n'ai pas compris.

Flûte: La France et les Français

1	Quels ducs ont habité le château de Nantes?	les ducs de Bretagne
2	Jules Verne a écrit: [a] des romans / [b] des fables / [c] des BD.	des romans
3	Nantes est une ville sur la Saône. Vrai ou faux?	Faux. C'est une ville sur la Loire.
4	À douze ans, on est en quatrième?	Non, on est en cinquième.
5	Quand on porte un ruban vert, cela veut dire: «[?]».	«Je suis contre la violence.»
6	«Okapi», c'est: [a] une émission / [b] un magazine / [c] un film.	un magazine
7	Was ist ein «TGV»?	Ein Hochgeschwindigkeitszug.
8	Tahar Ben Jelloun fait des films. Vrai ou faux?	Faux. Il écrit des livres.

Parlons français:
Tu réponds à une question: Qu'est-ce qu'on dit en français?

Grammaire:
Tu réponds à une question de grammaire.

La France et les Français:
Tu réponds à une question sur la France ou les Français.

Tu écoutes de la musique:
Tu passes un tour.
Du setzt einmal aus.

Tu as aussi un instrument.
Tu avances de deux cases. Du rückst zwei Felder vor.

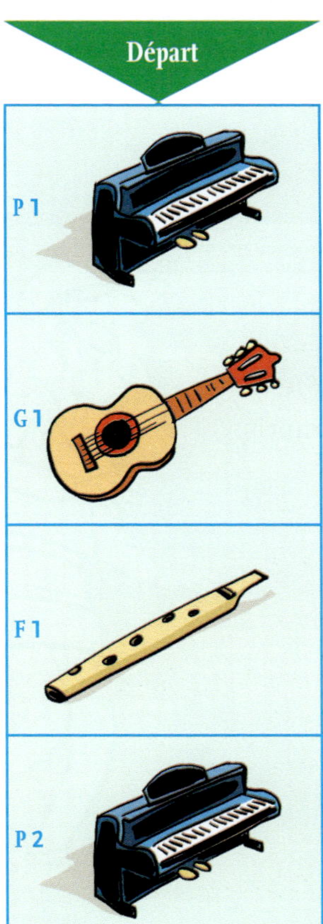

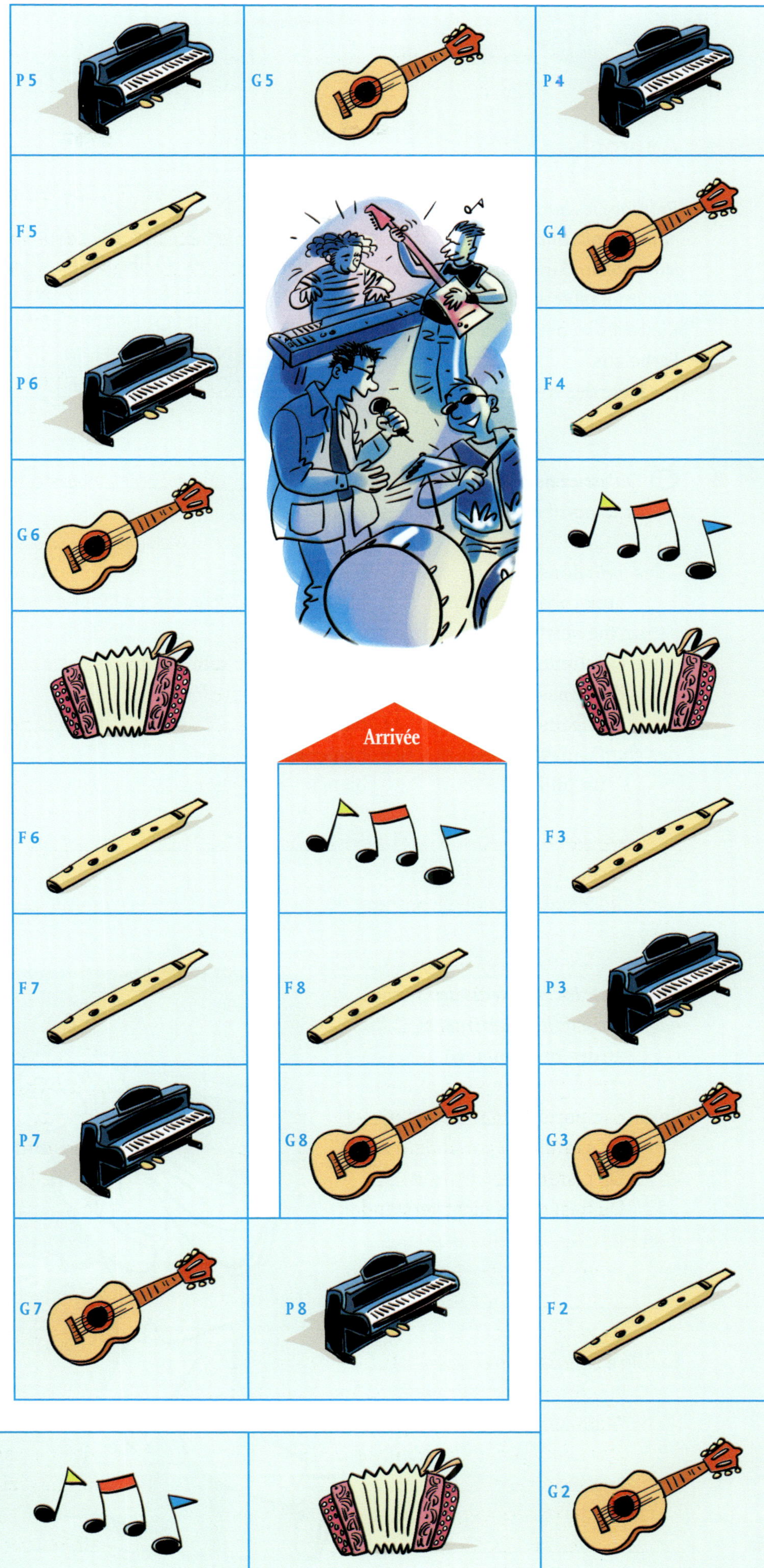

UNITÉ 5 *Les choses de la vie*

Approches

1 *Retrouve les huit adjectifs de couleur dans la grille et colorie les cases dans leur couleur.* Finde die Farbadjektive im Raster wieder und male die Kästchen in der entsprechenden Farbe aus.
(→ Liste des mots, p. 176)

J	A	U	N	E	V	V	I	O	L	R
S	D	R	O	S	E	E	P	Q	E	B
G	V	U	B	A	Q	R	O	R	U	L
R	Y	B	L	H	R	T	S	D	N	E
I	B	E	A	R	O	U	G	E	O	U
S	N	D	N	Y	M	C	H	M	I	C
B	A	C	C	X	I	V	E	E	R	O

2 ○ *Qu'est-ce qui va ensemble? Relie, puis note toutes les possibilités.* (→ Liste des mots, p. 176)

des pantalons	1	a	bleue
une robe	2	b	bleu
un tee-shirt	3	c	bleues
une casquette	4	d	bleus
des jupes	5	e	blanche
des jeans	6	f	blanc
des chaussures	7	g	blanches
un pull	8	h	blancs

des pantalons bleus, des pantalons blancs,
une robe bleue, une robe blanche,
un tee-shirt bleu, un tee-shirt blanc, une casquette bleue,
une casquette blanche, des jupes bleues,
des jupes blanches,des jeans bleus, des jeans blancs,
des chaussures bleues, des chaussures blanches,
un pull bleu, un pull blanc

3 ● *Colorie les vêtements des personnages et décris leurs vêtements.*
(→ Liste des mots, p. 176)

Le garçon porte (une veste rouge, un pantalon bleu, des chaussures blanches et une chemise noire.)

La fille a (une casquette jaune, un pull bleu, une jupe verte et des baskets rouges.)

DELF **1** **a** *Relis le texte, p. 82 et coche la bonne case.*

1. Mme Bouvier est
- [ ] dans la chambre de Loïc.
- [x] dans la chambre de Charlotte.
- [ ] dans sa chambre.

2. Mme Bouvier n'est pas contente parce que
- [x] Charlotte n'a pas rangé sa chambre.
- [ ] sa fille est en retard.
- [ ] veut acheter trop de vêtements à la mode.

3. Charlotte veut colorer ses cheveux en vert.
- [ ] Sa mère trouve que c'est une très bonne idée.
- [ ] Cela lui est égal.
- [x] Cela ne plaît pas à sa mère.

4. Charlotte porte un nouveau sweat noir
- [x] qui était à sa copine.
- [ ] qu'elle a acheté au marché aux puces.
- [ ] qui a coûté trop cher.

b *Pourquoi est-ce que la grand-mère de Charlotte va peut-être être fâchée?*

Elle va peut-être être fâchée parce que Charlotte a échangé sa veste bleue, un cadeau de sa grand-mère, contre le sweat noir de Clémence.

c *Imagine comment l'histoire pourrait continuer.*

(Charlotte va redemander sa veste bleue à Clémence et elle va colorer ses cheveux en rose.)

5

2 **a** *Trouve les sept formes du verbe* plaire.
(→ Les verbes, p. 146)

A	B	C	D	P	E	F	G	H	I
J	K	L	P	L	A	Î	T	M	N
O	P	P	L	A	I	S	O	N	S
Q	P	L	A	I	S	R	S	T	U
P	L	A	I	S	E	N	T	V	W
X	U	Y	S	Z	A	B	C	D	E
F	G	H	E	I	J	K	L	M	N
O	P	Q	Z	R	S	T	U	V	W

b *Écris les formes du verbe* plaire.

je plais
tu plais
il/elle/on plaît
nous plaisons
vous plaisez
ils/elles plaisent
participe passé plu

c *Qu'est-ce que Valérie et Sandra disent? Imagine le dialogue.*

(– Comment est-ce que tu trouves cette chemise blanche? Elle te plaît?
– Oui, elle me plaît. On l'achète?)

3 *Complète par les formes de* nouveau *ou* beau. (→ Repères, p. 90/2)

4 ◯ *Retrouve l'ordre des mots et écris les phrases.* (→ Repères, p. 90/3)

1. portes robe une belle blanche tu

Tu portes une belle robe blanche.

2. a sœur bleu ma un pull nouveau

Ma sœur a un nouveau pull bleu.

3. j' un sac petit ai acheté noir

J'ai acheté un petit sac noir.

4. utiles | les | belles | copain | mon | aime | choses

Mon copain aime les belles choses utiles.

5. en | copine | veut | beaux | bruns | ses | colorer | ma | rose | cheveux

Ma copine veut colorer ses beaux cheveux bruns en rose.

6. parents | n' | mes | ma | pas | veste | nouvelle | aiment | jaune

Mes parents n'aiment pas ma nouvelle veste jaune.

5 ● *Écris cinq phrases avec le plus d'adjectifs possible.* (→ Repères, p. 90/3)

Exemple: C'est un beau film, un film réaliste avec une histoire formidable et de bons dialogues*.

* **le dialogue** der Dialog

une chanson un roman une maison une personne une émission un endroit une ville ___	grand petit joli beau nouveau gris intéressant courageux triste réaliste bon formidable drôle fantastique égoïste brun dangereux ___

(C'est une jolie chanson triste mais très réaliste.)

(Tu connais cette nouvelle émission à la radio avec des CD très intéressants?)

(Marie est une personne drôle, mais égoïste et dangereuse.)

(Une petite ville formidable: Saint Herblain.)

6

Fais le tandem, p. 86 avec ton voisin / ta voisine.

7 *Relie.*

entrer dans une colère noire	1	a	gezwungen lachen
passer une nuit blanche	2	b	eine Heidenangst haben
être rouge comme une tomate	3	c	knallrot werden
avoir une peur bleue	4	d	vor Wut kochen
rire jaune	5	e	eine schlaflose Nacht verbringen
voir la vie en rose	6	f	trüben Gedanken nachhängen
avoir des idées noires	7	g	das Leben durch eine rosarote Brille sehen / optimistisch sein

8 *Tu as échangé quelque chose. Tes parents ne sont pas contents. Imagine un dialogue dans ton cahier.*

1 **a** *Relis le texte, p. 84. Retrouve et note ...*

... deux critiques négatives sur les vêtements des copains.

C'est moche, cette robe longue et ces baskets.

Ce sweat rouge avec un pantalon bleu, ça ne va pas ensemble.

... deux critiques positives.

Une jupe courte sur des jambes longues, c'est cool!

Ouais, il est tendance, ce pull!

b *Retrouve les phrases en français dans le texte, p. 84.*

1. Man muss modische Klamotten anziehen.

Il faut mettre des fringues à la mode.

2. Man muss die richtige Marke haben, sonst lachen die Freunde.

Il faut avoir les bonnes marques, sinon les copains rigolent.

3. Ich will keine Werbung für irgendjemanden machen.

Je ne veux pas faire de pub pour Untel ou Machin.

Réviser: Poser des questions

2 *Voilà les réponses. Trouve des questions possibles.*
Finde mögliche Fragen zu den Antworten.

1. (Ça me va bien?)

Non, ça ne te va pas.

2. (Où est-ce que tu as acheté cet imper?)

Aux Galeries Lafayette.

3. (Tu aimes les jupes longues?)

Non, je préfère les jupes courtes.

4. (Ma jupe verte avec ce pull noir, ça va?)

Oui, ça va bien ensemble.

5. (Ton nouveau pantalon a coûté cher?)

Non, pas très cher.

6. (Est-ce que les marques sont importantes pour toi?)

Non, je ne dépends pas des marques.

7. (Où est-ce que tu as acheté ton pull?)

Il vient du marché aux puces.

3 ◯ *Complète. Utilise le comparatif avec*
= aussi, + plus, − moins. (→ Repères, p. 91/4)

Frank est ___plus beau que___ moi! (+ beau)

C'est sûr?

Mais oui.

Mais, non, Bastien, tu n'es pas ___moins beau que___ lui. (− beau)

Tu es ___aussi gentil que___ Frank. (= gentil)

Et tu es beaucoup ___plus intelligent que___ Frank. (+ intelligent)

En plus, tu es bien ___meilleur en maths que___ lui. (+ bon en maths)

5

4 ⬤ *Le dessinateur a fait sept erreurs! Compare ces deux dessins et trouve-les!*
Utilise plus / moins / aussi + *adjectif* + que.
Écris dans ton cahier. (→ Repères, p. 91/4)

beau bleu bon court gris
grand long nombreux petit ___

Sur le dessin A, la bouteille verte est plus grande que sur le dessin B.

A

B

5 **a** *Traduis. Écris dans ton cahier.* (→ Repères, p. 90/1, Petit dictionnaire, p. 212)

1. Sie ist eine hübsche Frau mit kurzen schwarzen Haaren.
2. Ich weiß nicht, ob du Florent kennst. Er hat braune Haare und grüne Augen.
3. Die Mutter meiner Freundin ist klein und hat schönes blondes Haar.
4. Mein Großvater erzählt immer schöne, fantastische Geschichten.
5. Victor ist ein kluger und mutiger Junge.

b *Décris une personne que tu connais. Écris dans ton cahier.* (→ Repères, p. 90/1b)

âge? cheveux? yeux?
vêtements? couleurs? ___

DELF **6**

Fais l'exercice auditif, page 90.

DELF **7** *Réponds à une des questions des lecteurs d'«As de cœur».*

FORUM DISCUSSION

Vos questions de la semaine: Écrivez-nous et donnez votre avis.

- Colorer ses cheveux: Pour ou contre? (LAURA)
- Ma mère fouille dans mes affaires. Qu'est-ce que je peux faire? (ISABELLE)
- Mes copains critiquent toujours mes fringues. Eux, ils ont toujours des vêtements à la mode, moi non. Je n'ai pas beaucoup d'argent. Qu'est-ce que je peux leur dire? (CLÉMENTINE)
- Je voudrais porter un uniforme à l'école. À mon avis, c'est bien mieux. Est-ce que vous êtes d'accord avec moi? (LOUIS)

(Les vêtements à la mode ne sont pas toujours confortables.

Et je trouve qu'il ne faut pas faire de pub pour Untel ou Machin.

Achète des fringues qui te plaisent. C'est mieux, non?)

Lecture: Titeuf – Les filles

8 **a** *Lis cette bédé.* Gib den Inhalt der Geschichte auf Deutsch wieder. *Écris dans ton cahier.*

b *Donne ton avis. Comment est-ce que tu trouves cette bédé? Écris dans ton cahier.*

1 **moi-même** ich selbst 2 **je m'en fiche** *fam.* das ist mir schnuppe 3 **enlever un vêtement** ein Kleidungsstück ausziehen 4 **la maîtresse** die Grundschullehrerin 5 **ça suffit** es reicht 6 **se changer** sich umziehen 7 **passer** *hier* geben 8 **piquer qc** *fam.* etw. klauen 9 **tais-toi** sei still 10 **je t'arrache la mèche** ich reiße dir die Tolle aus

DELF **1** *Vrai* V *ou faux* F*? Corrige les phrases fausses.* (→ Texte, p. 87)

1. V Clémence lit l'horoscope de Yann.
2. F Yann a gagné de l'argent.
3. V Yann a des problèmes d'argent parce qu'il n'est pas économe.
4. F Yann est d'accord avec Mehdi: Il va renoncer à son portable.
5. V Clémence aide ses parents pour avoir de l'argent de poche.
6. F Mehdi distribue de la pub pour un supermarché pour gagner de l'argent.
7. F Yann a un peu d'argent de ses parents quand il a de bonnes notes.
8. F Les Galeries Lafayette prennent Clémence et ses copains comme mannequins.

2. (Son horoscope dit qu'il va bientôt gagner de l'argent, mais qu'il ne doit pas le jeter par les fenêtres. Yann a dépensé trop d'argent pour son portable.)

4. (Non, Yann n'est pas d'accord avec Mehdi. Il ne peut pas renoncer à son portable. Pour lui, c'est le plus important.)

6. (Non, il est trop jeune pour distribuer de la pub.)

7. (Non, ses parents disent qu'une bonne note c'est une chose normale.)

8. (Non, on ne sait pas. Mais Yann et Mehdi pensent que ce n'est pas possible.)

2 *Complète par des formes des verbes* payer *ou* essayer *au présent, au passé composé ou au futur composé.* (→ Les verbes, p. 145)

1. Combien est-ce que tu ___a payé___ ton imper? Il est beau.
2. Ce pantalon me plaît. Je ___vais___ l'___essayer___. *(futur composé)*
3. Tu laves la voiture de ton voisin ? Et combien est-ce qu'il te ___paie___ pour ça?
4. Nos parents ___paient___ nos vêtements et les cours de musique, mais nous ___payons___ nos CD et le ciné.
5. Tu n'es pas assez économe. Renonce à ton portable, enfin ___essaie___.
6. Vous cherchez un travail* ? Pourquoi est-ce que vous n'___essayez___ pas aux Galeries Lafayette? Ils cherchent des mannequins.

* **le travail** die Arbeit

5

3 **a** *Complète cet horoscope.* Streiche die unnötige Lücke durch.
Attention à la place et à l'accord des adjectifs. (→ Repères, p. 90/3)

petit	Vous avez des __petits__ problèmes __/__ d'argent? Alors, attention.
possible	Il y a des __/__ solutions __possibles__ .
prudent	Mais vous n'êtes pas toujours une __/__ personne __prudente__ .
inutile	Pas de __/__ dépenses __inutiles__ ce week-end.
nouveau	Entre le 12 et le 19 vous allez avoir une __nouvelle__ chance __/__ .
bon	Une __bonne__ copine __/__ va vous aider, et vous allez gagner beaucoup d'argent.
important	Après le 20, vous allez faire des __/__ choses __importantes__ .
nouveau	De __nouveaux__ amis __/__ vont entrer dans votre vie ou
déprimé	vous allez aider un __/__ copain __déprimé__ .
intéressant	Ou alors, vous allez trouver un __/__ travail __intéressant__ .
grand / noir	Votre porte-bonheur? Un __grand__ chien __noir__ .

b *À toi. Écris un horoscope (dans ton cahier) pour un/e camarade ou ton professeur. Utilise aussi des adjectifs.*
(→ Repères, p. 90/3)

4 *Un mot peut avoir deux ou trois sens[1]. Traduis les verbes en italique[2] dans ces phrases.*

1. Aujourd'hui, il pleut et j'*ai mis* un imper. — anziehen
2. S'il te plaît, *mets* ce livre sur l'étagère. — stellen
3. Ah, c'est toi? Ça *tombe* mal, je dois sortir. — (nicht) passen
4. Mon anniversaire *tombe* un jeudi. — (auf einen Tag) fallen
5. Pierre est allé trop vite, il est *tombé*. — fallen
6. Je *sors* le chien le matin et l'après-midi, quand il fait beau. — ausführen
7. Nous *sortons*, samedi. — ausgehen
8. Est-ce que Julia *sort* encore avec Frank? — (mit jdm) (aus)gehen
9. Tu as déjà *essayé* cette robe rose? — anprobieren
10. Vous ne savez pas faire cet exercice? *Essayez*, il n'est pas trop dur. — versuchen

1 **le sens** die Bedeutung 2 **en italique** kursiv gesetzt

5 *Complète avec les mots 1–8, trouve le mot-clé et complète la phrase.*
(→ Liste des mots, p. 180)

J'ai un [1] de 20 € sur moi.
Qu'est-ce que tu fais pendant tes [2]?
Tu as gagné 100 €? Alors, tu es [3]!
Mehdi voudrait [4] de la pub.
Je n'ai jamais d'argent à la fin du [5].
Mon frère ne peut pas [6] au chocolat.
Il faut ranger et faire le [7]?
Voilà 50 €, mais vous ne devez pas tout [8].

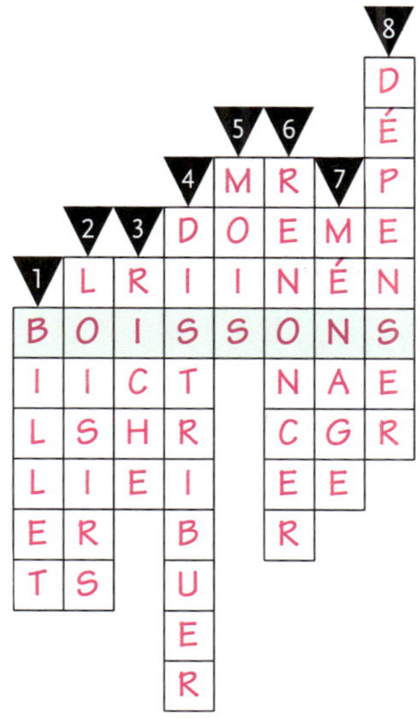

Aujourd'hui, j'ai de l'argent, alors je paie les

boissons.

6 ○ *Qu'est-ce qu'il dit? Forme les phrases. Utilise le superlatif.* (→ Repères, p. 91/5)

Mesdames et messieurs, venez ce soir au spectacle du cirque TROPPO, vous allez voir les artistes / bon + / monde. Venez rigoler avec Rigolo / clown / triste – / ville / qui va vous raconter ses histoires / drôle + / mois. Venez applaudir les animaux / fort + / monde. Posez des questions à Fortiche / chienne / intelligent + / terre. Nous allons vous montrer Robusto / éléphant / courageux + / monde / dans son numéro de trapèze …

… vous allez voir les meilleurs artistes du monde. Venez rigoler avec Rigolo, le clown le moins triste de la ville qui va vous raconter les histoires les plus drôles du mois. Venez applaudir les animaux les plus forts du monde. Posez des questions à Fortiche, la chienne la plus intelligente de la terre. Nous allons vous montrer Robusto, l'éléphant le plus courageux du monde dans son numéro de trapèze …

7 ● *Fais de la publicité, par exemple, pour un magasin de vêtements ou pour un vêtement, une voiture, un ordinateur. Fais une affiche et écris un texte. Utilise le superlatif.*
(→ Repères, p. 91/5)

8 *Aide Luisa. Formule la lettre qu'elle veut écrire.*

Luisa schreibt ihrer französischen Freundin, dass es ihr nicht sehr gut geht. Sie hat nicht genug Taschengeld. Sie bekommt 10 € pro Woche. Sie möchte gerne ihre Kleider selbst kaufen. Sie möchte mit Freunden eine crêpe essen gehen und auf das Kino, das sie sehr interessiert, möchte sie oder kann sie nicht verzichten. Das sind für sie keine unnötigen Dinge. Sie fragt ihre Freundin, wie es ihr geht und ob sie genug Taschengeld von ihren Eltern bekommt.

Chère (Miriam),
Je ne vais pas très bien. Je n'ai pas assez d'argent de poche. Mes parents me donnent 10 euros par semaine. Je voudrais acheter des vêtements. Je voudrais pouvoir manger une crêpe avec des copains et je ne voudrais pas renoncer au cinéma parce que ça m'intéresse. Pour moi ce ne sont pas des choses inutiles. Et toi, comment vas-tu? Est-ce que tes parent te donnent assez d'argent de poche?
(Écris vite!
Grosses bises
Luisa)

La France en direct: Le français familier

9 **a** *Lis la bédé.*

1 **fauché(e)** pleite 2 **le cinoche** = le cinéma 3 **le fric** = l'argent 4 **bosser** = travailler 5 **gratuit(e)** kostenlos

b *Retrouve les mots ou les expressions du français familier dans la bédé et note-les.*

Tu as raison.
T'as raison.

Je n'ai pas d'argent.
Je suis fauchée.

les vêtements
les fringues

le cinéma
le cinoche

travailler
bosser

C'est grave.
C'est la cata.

l'argent
le fric

c *Raconte l'histoire de ces deux filles en français standard.*
Ersetze die Wörter aus der Umgangssprache durch andere der Standardsprache.

Séverine et sa copine regardent la vitrine d'un magasin. Elles entrent dans le magasin et elles trouvent des vêtements qui leur plaisent mais qui sont trop chers. Elles n'ont pas beaucoup d'argent. Elles ne peuvent pas aller au cinéma, alors elles rentrent pour faire leurs devoirs.

Apprendre à apprendre (→ p. 94/10)

10 Auch mit Hilfe eines Vokabelnetzes kannst du Vokabeln wiederholen. In dieser Unité hast du Wortschatz zu Mode und Kleidung gelernt. Erstelle zu diesem Thema ein Vokabelnetz (associogramme).
(→ Liste des mots, p. 176; Petit dictionnaire, p. 212)

Hier einige Hilfestellungen:
- Woran denkst du, wenn du das Wort „Mode" hörst?
- Welche verschiedenen Kleiderstücke und Accessoires hast du gelernt?
- Wie kannst du sie beschreiben (Farben, Form und Muster ...)?
- Wie kannst du deine Meinung darüber äußern (Gefallen/Missfallen/ ...)?

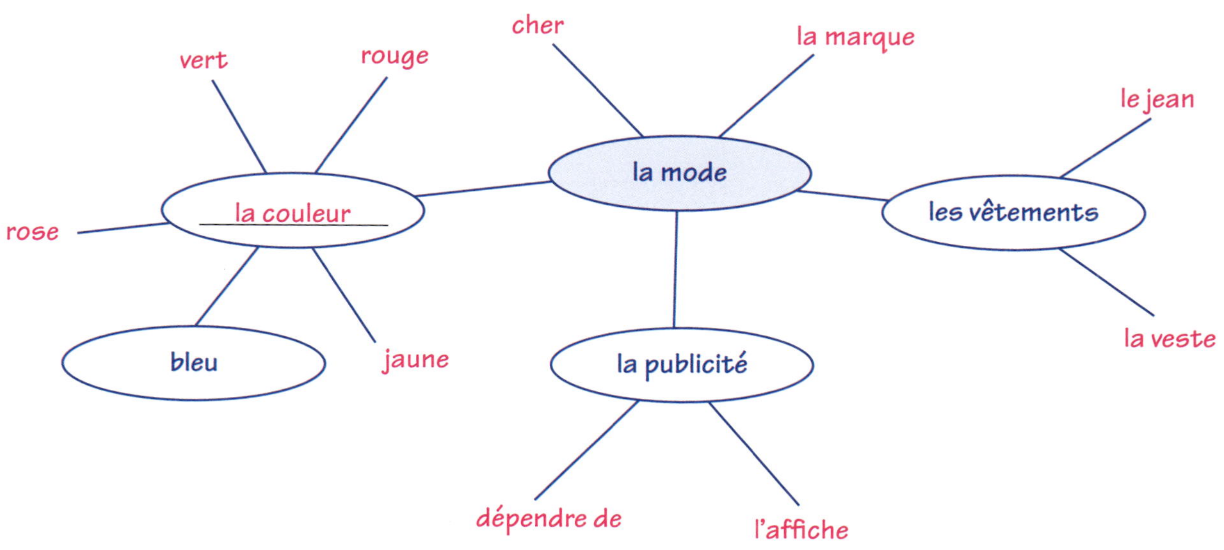

Bilan autocorrectif

1 Die Stellung der Adjektive La place des adjectifs

Quels adjectifs sont toujours devant le nom? Soulignez-les. Welche Adjektive befinden sich immer vor dem Nomen? Unterstreiche sie.

court – possible – gris – moche – grand – facile – petit – nouveau – intéressant – célèbre – bon – pratique – beau – joli

2 Vocabulaire

Clémence part chez ses grands-parents. Quels vêtements est-ce qu'elle prend? N'oublie pas de faire l'accord des adjectifs.

Elle prend un pull vert. ____

____

____

____

____

____

____

3 Qu'est-ce qu'on dit?

Relie.

Ta petite sœur monte sur un grand vélo.	1	a	Tu tombes bien.
Tu ne connais pas la date de naissance d'une copine.	2	b	Ça ne va pas ensemble.
Ta sœur a payé un pull 180 €.	3	c	Tu dois être prudente.
Tu as des problèmes en maths, mais ton copain, fort en maths, arrive.	4	d	Tu es née quand?
Ta copine porte une jupe verte avec des collants bleus et un pull jaune.	5	e	Non, mais je rêve!

4 Die Steigerung der Adjektive Le comparatif et le superlatif de l'adjectif

a *Complète.*

À la boulangerie «Croc'pain», la baguette est ____________ ____________ (bon / +) le pain de campagne, mais elle est ____________ (bon / –) leurs pains au chocolat et elle est ____________ (cher / +) au supermarché.

À ton avis, l'anglais, c'est ____________ (facile / +) ____________ (facile / =) ou ____________ (facile / –) le français ?

Ces chaussures sont ____________ (confortable / –) mes baskets, mais elles sont ____________ (beau / +) et elles ne sont pas ____________ (cher / =) .

b *Traduis.*

1. Das ist der schönste Tag meines Lebens.

____

2. David hat immer die besten Noten.

____

3. Du bist da, das ist für mich das Wichtigste.

____

4. Sabrina ist das netteste Mädchen der Klasse.

____

5. Ich denke, dass es die beste Lösung ist.

____

Die Lösungen findest du auf S. 95.

5

UNITÉ 6 La marée noire

Approches

1 *Mets les lettres dans l'ordre et complète.* (→ Texte, p. 96)

echat	une	TACHE
zinroho	l'	HORIZON
aabeut	un	BATEAU
chorre	un	ROCHER
blase	le	SABLE
tecô	la	CÔTE
quaglicole	un	COQUILLAGE
gauve	une	VAGUE
érame renoi	la	MARÉE NOIRE
galpe	la	PLAGE

Où sont les jeunes? Ils sont

en Bretagne.

2 **a** *Lis le message à haute voix.* Lies die Nachricht laut. (→ Annexe, p. 139)

b *Écris le texte du message.*

Nous sommes sur le même bateau.

c *Écris un message en transcription phonétique* (Lautschrift) *dans ton cahier pour ton voisin / ta voisine.*

3 *C'est vrai ou c'est faux? Corrige les phrases fausses.* (→ p. 110–111; p. 151)

	Vrai	Faux	
1. Concarneau est une ville de Bretagne.	☒	☐	
2. Un menhir, c'est un «gros caillou».	☒	☐	
3. Jacques Cartier est né à Brest.	☐	☒	Il est né à Saint-Malo.
4. «Try», ça veut dire «trois» en breton.	☒	☐	
5. «Breizh» veut dire «au revoir» en breton.	☐	☒	Ça veut dire «Bretagne».
6. Les crêpes sont une spécialité bretonne.	☒	☐	
7. Les Français parlent aussi breton.	☐	☒	Ils ne parlent pas breton.
8. Au restaurant, on peut manger un «kenavo».	☐	☒	«Kenavo» veut dire «au revoir» en breton.
9. L'histoire de Vannes commence avec les Vénètes.	☒	☐	

1 *Trouve les mots et complète.* (→ Liste des mots, p. 183)

M. Leroy a été [1] pendant cinquante ans.
La télé [2] une grande tache noire.
La famille Noguez regarde les [3] à la télé.
Demande [4] de quoi ça dépend!
La Baule, c'est dans le [5] de la Bretagne.
Est-ce que le bateau a perdu beaucoup de [6]?
Une tonne, c'est une très grande [7].
La marée noire, ça veut dire aussi la [8] des poissons et des oiseaux.
Saint Herblain est près de [9].

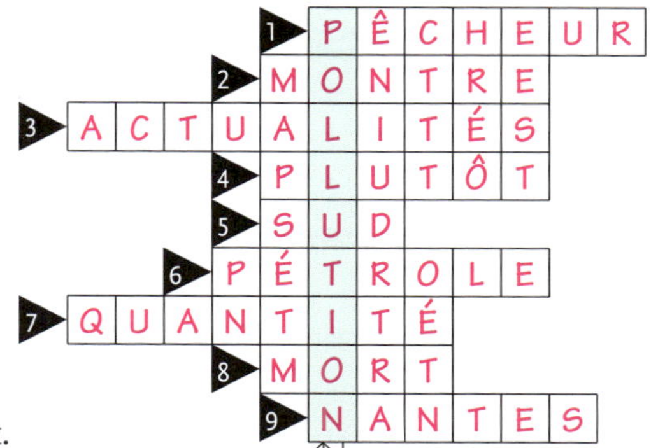

2 *Complète.* *Utilise:* à / de / avec | qui / quoi
(→ Repères, p. 106/6)

3

4 **a** *Réponds aux questions. Utilise* au, à la, à l', aux. (→ Repères, p. 106/6)

À quoi est-ce que tu penses quand tu entends «la France»?

Je pense (aux correspondants, à la grande ville, à Paris, aux baguettes.)

À quoi est-ce que tu penses quand tu entends «la Bretagne»?

Je pense (à La Baule, à «À Plus! 2», au collège Saint Dominique, à Nantes et aux oiseaux.)

b *À quoi est-ce que tu penses quand tu entends le nom de ta ville, de ta région?*

(Je pense à mes amis, à mes parents, à mon école.)

5 *Écris les nombres en chiffres.*

Le «Festival interceltique de Lorient» est un des plus grands festivals du monde. En deux mille quatre 2004 six cent cinquante mille 650 000 personnes ont applaudi quatre mille cinq cents 4500 artistes de nombreux pays.

6 **a** *Raconter l'histoire du monde en cinq ou six phrases, ce n'est pas possible! Mais voici des dates qu'on doit connaître. Regarde les photos et complète le texte. Écris les dates en toutes lettres. Note le numéro des phrases sur les photos correspondantes**. (→ Annexe, p. 143)

* **correspondant/e** entsprechend

1. Christophe Colomb a découvert l'Amérique en mille quatre cent quatre-vingt-douze.

2. En mille sept cent quatre-vingt-neuf, les Français ont fait une révolution.

3. En mille neuf cent soixante-trois, Konrad Adenauer et Charles de Gaulle sont d'accord: Les Français et les Allemands doivent devenir amis. À Paris, ils signent[1] «le Traité franco-allemand de coopération[2]».

4. Vous connaissez le nom du premier homme qui a marché sur la lune? C'était en mille neuf cent soixante-neuf.

5. Les gens qui habitent à Berlin n'ont pas oublié le jour où le «Mur de Berlin» est tombé.

   C'était le neuf novembre mille neuf cent quatre-vingt-neuf.

6. Depuis le premier janvier deux mille deux, les Allemands, les Français et de nombreux autres Européens paient en euros.

1 **signer** unterschreiben 2 **le Traité franco-allemand de coopération** deutsch-französischer Freundschaftsvertrag

b *Encore deux dates importantes. Notes-les en toutes lettres.*

Je suis né(e) le (3 décembre mille neuf cent quatre-vingt-quatorze).

Nous sommes en (deux mille cinq).

6

7 *Complète. Utilise* tout son, toute sa, tous ses, toutes ses. (→ Repères, p. 106/5)

1. Pour Yvon Leroy, la mer, c'est toute sa vie.
2. Yann aime bien son grand-père parce qu'il répond toujours à toutes ses questions.
3. Tous ses petits-enfants adorent écouter ses histoires.
4. Il leur montre aussi toutes ses photos de la mer.
5. Il passe tout son temps sur son bateau.

La France en direct: Océanopolis

DELF **8** *Regarde le document et réponds.*

1. Océanopolis, c'est
   - [x] un parc pour découvrir la mer et ses habitants.
   - [ ] un endroit où on peut apprendre la plongée.
   - [ ] un zoo pour les animaux d'Afrique.
2. Pour visiter Océanopolis il faut
   - [x] un jour.
   - [ ] deux jours.
   - [ ] une semaine.
3. On trouve Océanopolis
   - [ ] dans toutes les grandes villes d'Europe.
   - [ ] à Paris.
   - [x] à Brest.

1 *Relis le texte, p. 100 et réponds aux questions.*

1. Que font Julia et ses parents?

(Ils sont venus à Saint Herblain avec un groupe d'Allemands pour aider les Bretons.)

2. Pourquoi est-ce qu'il y a beaucoup de gens sur les plages bretonnes ce week-end?

(Il y a beaucoup de gens parce qu'ils se sentent concernés par la pollution. Ils veulent aider et être solidaires.)

3. Pourquoi est-ce que Julia n'est pas sur la plage avec ses parents?

(Elle n'est pas sur la plage parce que les enfants ne peuvent pas nettoyer les plages, c'est trop dangereux.

4. À qui est-ce que Charlotte et Yann parlent?

Ils parlent à un pompier.

5. Qu'est-ce que cette personne dit? (trois phrases)

(Le pompier se demande pourquoi les bateaux pourris circulent encore. Il dit aussi que les gens qui aident sont formidables. Il pense que la marée noire est une catastrophe pour la mer, les poissons et les pêcheurs.)

6. Pourquoi est-ce qu'une des personnes dit: «pauvre oiseau»?

Elle dit «pauvre oiseau» parce qu'on ne sait pas si on va pouvoir le sauver.

2 *Complète le texte. Utilise une préposition.*
(→ Texte, p. 100)

Beaucoup de gens sont venus __sur__ les plages bretonnes __pour__ aider les Bretons. Beaucoup ont renoncé __à__ leurs vacances parce qu'ils se sentent concernés __par__ la catastrophe de la marée noire. __À cause de__ la pollution, ils doivent porter des gants et des combinaisons __en__ plastique. Ils se retrouvent __à__ neuf heures du matin et ils travaillent toute la journée. Quand on trouve un oiseau couvert __de__ pétrole, on l'amène __dans__ un centre où on s'occupe __de__ lui.

3 *Complète. Utilise les formes des verbes* nettoyer *et* recevoir. (→ Les verbes, p. 145)

1. Après la marée noire, huit cents personnes ___nettoient___ les plages.
2. D'abord je ___nettoie___ le petit oiseau, ensuite je lui donne du poisson.
3. Les Bretons ___reçoivent___ beaucoup de lettres de solidarité.
4. Tu ___reçois___ souvent des cartes postales?
5. Moi, je ___reçois___ plutôt des messages par ordinateur.
6. Dans notre centre, nous ___nettoyons___ des oiseaux blessés et nous nous occupons d'eux.
7. Ah bon, vous ___recevez___ les parents de Felix en août?
8. Hier, j'___ai reçu___ une lettre de ma tante qui habite en Belgique.
9. Ma sœur ___reçoit___ un journal pour les jeunes.

4 *Complète. Utilise des verbes pronominaux.* (→ Repères, p. 105/3)

DELF **1** *Écris dans ton cahier les phrases du texte, p. 103 qui montrent:*

- que Yann et Marie s'intéressent à l'enfance de leur grand-père.
- que Julia aussi veut écouter les histoires de M. Leroy.
- qu'il n'aimait pas trop l'école.
- qu'il s'intéressait plutôt au métier de son père.
- que son père partait tôt, le matin.
- que les tempêtes étaient très dangereuses.
- que son instituteur n'était pas breton.
- que les touristes ne venaient pas pour nager.

2 *Mets les verbes entre parenthèses à l'imparfait.* (→ Repères, p. 106/4)

– Madame Bouvier, est-ce que vous ___habitiez___ (habiter) Saint Herblain quand vous ___étiez___ (être) petite?

– Non, mais je ___venais___ (venir) souvent ici avec mes parents parce que nous ___passions___ (passer) nos vacances chez mes grands-parents. Nous ___venions___ (venir) aussi ici en hiver.

– Vous ___vous sentiez___ (se sentir) bien chez eux?

– Oui, grand-mère me ___racontait___ (raconter) des histoires et on ___faisait___ (faire) des crêpes. Elle ___s'intéressait___ (s'intéresser) beaucoup aux oiseaux de la région. Nous ___faisions___ (faire) souvent des promenades et elle m'___expliquait___ (expliquer) beaucoup de choses. Mon grand-père, lui, ___restait___ (rester) à la maison. Il ___lisait___ (lire) son journal et ___écoutait___ (écouter) la radio.

3 *Regarde la photo. Imagine: C'était quand? Qui étaient ces personnes? Qu'est-ce qu'elles faisaient? Écris un texte dans ton cahier. Utilise l'imparfait.* (→ Repères, p. 106/4)

le matin   le soir   tous les ans   souvent
Quand il faisait beau / il pleuvait ___ .

habiter   s'appeler   passer ses vacances
manger ___   visiter ___   aller ___
aimer ___   regarder ___   écrire ___
pêcher   faire des châteaux de sable
ramasser ___   jouer à ___   ___

4 **a** *Lis le texte. Tu ne connais pas tous les mots, mais tu peux comprendre l'histoire.*

Bastien est un garçon de treize ans qui habite seul avec sa mère à Paris. Son père habite à l'étranger[1] avec Laura, sa nouvelle femme et les deux filles de Laura. Tous les étés, Bastien passe ses vacances à La Rochelle chez son grand-père, Grégoire, qui était pêcheur. Ensemble, ils font une excursion.

«Viens, mon garçon, je veux te montrer quelque chose aujourd'hui.»
Grégoire marche maintenant devant lui. Bastien suit[2] son grand-père sans poser de questions.
Ils sont arrivés dans le ventre d'un bassin à flots[3] que Bastien connaît. Quand il était petit, il n'aimait pas venir dans cet endroit. Il avait peur. Il tenait toujours le bras de son père. Sa mère, elle, riait, il ne savait jamais pourquoi. Il chasse[4] vite ce souvenir. Son grand-père est arrivé sur une passerelle[5] pas très large jusqu'au milieu[6] de ce drôle de lac[7] caché[8] du ciel. Devant eux, il y a l'eau, noire, mais aussi des formes étranges[9] comme des statues couchées[10].
Grégoire parle.
«Écoute bien, mon petit. Mon bateau, c'est ici qu'il a disparu[11]. Ici. Ils l'ont cassé en deux, Bastien, le bateau de ton grand-père. En deux. Ils l'ont ouvert comme un poisson (...) Il ne fallait plus de pêcheurs comme nous, plus de pêche. D'accord. On peut comprendre. Mais les bateaux, pourquoi est-ce qu'ils les ont cassés? Tu peux me dire? Personne ne peut comprendre combien ça fait mal de voir son bateau, son bateau, tu entends, mon petit, cassé en deux, comme du bois pour l'hiver, comme rien. C'est toutes mes années qu'ils ont cassées (...) J'ai pleuré, mon petit. Oui, j'ai pleuré quand ils l'ont amené ici pour le casser. Deux morceaux, comme des cachalots[12] morts. Mon bateau, ce n'était même plus une épave[13] digne[14]. Plus rien. Voilà. Voilà comment on fait avec la vie des gens, mon petit, voilà ...
«Après, c'est ta grand-mère qui est partie. Elle, elle me comprenait, elle savait ce que c'était le bateau. Sans elle, je ne suis plus rien.»
Les mots sont sortis tout seuls de la bouche[15] de Bastien:
«Papy, moi, je vais rester avec toi.
– Comment ça, rester avec moi?
– Je veux rester avec toi. Je ne vais pas rentrer à Paris. Je reste.
– Mais, ce n'est pas possible, mon petit, tu ne peux pas ... Ta mère ...
– Si, c'est possible. Moi, je veux. Je reste avec toi. Ici.»
Il n'a pas réfléchi avant de dire cela, mais il sait que c'est juste et que sa place est ici, avec son grand-père.

D'après: Jeanne Benameur, Quitte ta mère

b *Réponds aux questions.*

1. Pour quelle raison est-ce que Grégoire montre ce bassin à flots à son petit-fils?

(Il lui montre ce bassin à flots parce que son bateau a disparu à cet endroit.)

2. Comment le grand-père de Bastien se sent-il? Et pourquoi?

(Il se sent mal parce qu'il se sent seul. Sa femme est morte et il n'a plus son bateau.)

3. D'après toi, est-ce que Bastien comprend son grand-père? Justifie ta réponse.

(Oui, il le comprend très bien parce qu'il dit qu'il va rester avec lui.)

4. Imagine comment la mère de Bastien va réagir.

(À mon avis, elle va réagir très mal parce qu'elle est aussi seule, elle ne va pas être d'accord.)

1 **l'étranger** *m.* das Ausland 2 **suivre** folgen 3 **le bassin à flots** das Schwimmdock 4 **chasser** verjagen 5 **la passerelle** der Steg 6 **le milieu** die Mitte 7 **le lac** der See 8 **caché** versteckt 9 **étrange** *adj.* seltsam 10 **couchées** liegend 11 **disparu** *participe passé de* disparaître verschwinden 12 **le cachalot** der Pottwal 13 **l'épave** *f.* das Wrack 14 **digne** *adj.* würdig 15 **la bouche** der Mund

DELF **5**

6 *Lis les devinettes et trouve les mots. Tous ces mots prennent un x au pluriel!* (→ Petit dictionnaire, p. 212)

	pluriel	singulier
1. On les offre pour un anniversaire.	les cadeaux	le cadeau
2. Ils volent, mais ce ne sont pas des bandits.	les oiseaux	l'oiseau
3. Ces grandes maisons sur la Loire sont très célèbres.	les châteaux	le château
4. Pour les faire, il faut toujours de la farine.	les gâteaux	le gâteau
5. On les voit sur les fleuves, sur les mers et les océans.	les bateaux	le bateau
6. Tous les jours, des gens les distribuent, d'autres les achètent, les lisent et les jettent.	les journaux	le journal
7. C'est un endroit où on amène des blessés graves.	les hôpitaux	l'hôpital
8. Tendance ou pas tendance, ils sont souvent nos meilleurs amis.	les animaux	l'animal

Apprendre à apprendre (→ p. 109)

7 In Unité 6 hast du die Bildung des „imparfait" gelernt. Diese neuen Formen wirst du sicherlich öfters wiederholen müssen.
- Zunächst einmal solltest du zur Übung deine Verbkartei mit den neuen Formen vervollständigen und mit deinen Karteikarten in gewohnter Form üben.
- Du kannst auch in der Übung 4 (lecture) alle Imparfait-Formen herausschreiben und die Infinitiv- und Präsens-Form hinzufügen.
- Du kannst auch mit einem Würfel die Imparfait-Formen trainieren, wie du das für die Präsens-Formen kennen gelernt hast.

Merke:
Es ist besser regelmäßig – wenn auch nur zehn Minuten – zu üben als ab und zu mal eine Stunde.

Réviser

8 *Prépare six questions pour le jeu du concert.* (→ p. 54) *Écris tes questions dans ton cahier.*

2 questions
Piano / Parlons français: (→ Repères, p. 90 et 105)

2 questions
Guitare / Grammaire: (→ Repères, p. 90–91 et 105–106)

2 questions
Flûte / La France et les Français: (→ Unité 5, p. 80–95; Unité 6, p. 96–112).

Bilan autocorrectif

1 Qu'est-ce qu'on dit?

Du bist in der Bretagne und willst ausdrücken, dass ...

1. es heute sonnig ist. ______________________
2. es windig ist. ______________________
3. es verboten ist zu baden. ______________________
4. du nicht von hier bist. ______________________

2 Vocabulaire

3 Die reflexiven Verben Les verbes pronominaux

Complète. Utilise un verbe pronominal.

– À quoi est-ce que tu ______________________ , Simon?

– Moi, je ______________________ à la voile et au surf. Mes copains, eux, ______________________ plutôt au foot.

4 Die Bildung des „imparfait“ La formation de «l’imparfait»

Mets les verbes entre parenthèses à l’imparfait.

Le 12 septembre 2004, Amélie Mauresmo devient, à 25 ans, la nouvelle «numéro un» de tennis. Qu’est-ce qu’elle (faire) ____________ quand elle (être) ____________ petite? À quatre ans, elle (s’intéresser) ____________ déjà au tennis et elle (regarder) ____________ souvent les matchs à la télé. Elle (jouer) ____________ avec son grand frère parce qu’elle (avoir) n’____________ pas encore l’âge pour commencer des cours dans une école de tennis.

5 Die Frage mit „à qui“, „à quoi“, „de qui“, „de quoi“

La question avec «à qui», «à quoi», «de qui», «de quoi»

1. Je pose des questions à mon professeur.
2. Je pense à mon grand-père.
3. Je parle de mon ami.
4. Je parle d’une bédé intéressante.
5. Je pense à l’excursion à Noirmoutier.

1. À qui est-ce que tu poses des questions? ____________

____

____

____

____

____________ ____________

6 Der Begleiter „tout“ Le déterminant «tout»

Complète le texte. Utilise tout le, tous les, toute la, toutes les.

____________ côte est sale et ____________ Bretons s’intéressent à la marée noire. Dans les écoles, ____________ institutrices et ____________ instituteurs parlent du problème avec leurs élèves. ____________ gens qui veulent aider se retrouvent sur la plage et travaillent ____________ journée. Il faut vite ramasser ____________ pétrole. On ne peut pas sauver ____________ oiseaux, mais on essaie.

Die Lösungen findest du auf S. 95.

Kopiervorlage

INFINITIF	Terminaison	Régulier ☐ Irrégulier ☐	Particularité

	PRÉSENT	IMPÉRATIF
	Je/J'	
	Tu	
	Il/Elle/On	
	Nous	
	Vous	
	Ils/Elles	

se conjugue comme:	**PASSÉ COMPOSÉ**
IMPARFAIT	**FUTUR**

INFINITIF	Terminaison	Régulier ☐ Irrégulier ☐	Particularité

	PRÉSENT	IMPÉRATIF
	Je	
	Tu	
	Il/Elle/On	
	Nous	
	Vous	
	Ils/Elles	

se conjugue comme:	**PASSÉ COMPOSÉ**
IMPARFAIT	**FUTUR**

Mit dieser Tandemübung übt ihr die indirekte Rede. A und B telefonieren miteinander. Der eine Voisin stellt eine Frage oder macht eine Aussage, der andere Voisin vergewissert sich, ob er verstanden hat, indem er die Worte seines Nachbarn in der indirekten Rede wiedergibt.

1 Legt fest, wer Voisin A und wer Voisin B ist.

2 Faltet den Bogen entlang der Mittellinie.

3 Voisin A hat die linke, Voisin B die rechte Spalte vor sich.
Voisin A liest den ersten Satz vor. Voisin B, der nur hört, reagiert.
Voisin A, der die Lösung vor sich hat, hilft, wenn es nötig ist.
Danach ist B an der Reihe und liest den nächsten Satz vor. A gibt die Worte von Voisin B in der indirekten Rede wieder. B hilft, wenn nötig.

4 Nach einem Durchgang wechselt ihr die Rollen.

5 Am Ende könnt ihr das Gespräch selbstständig erweitern: Schreibt noch je einen Satz in der direkten Rede und setzt den in die indirekte Rede in euer Heft.

⚠ Ihr könnt die Repères auf S. 22/8 noch einmal durchlesen.

Le discours indirect:
Tu dis que ___
Tu veux savoir si ___ *ou* Tu demandes si ___

Voisin A

A: Tu as des devoirs pour demain?
B: Tu veux savoir si j'ai des devoirs pour demain.

B:
A: Tu veux savoir ___

A: On pourrait aller au cinéma ensemble.
B: Tu dis qu'on pourrait aller au cinéma ensemble.

B:
A: Tu demandes ___

A: Le film commence à quatre heures et demie.
B: Tu dis que le film commence à quatre heures et demie.

B:

A: Tu dis ___

A: J'achète déjà les places.
B: Tu dis que tu achètes déjà les places.

Le discours indirect:
Tu dis que ___
Tu veux savoir si ___ *ou* Tu demandes si ___

Voisin B

A:
B: Tu veux savoir ___

B: Tu vas sortir cet après-midi?
A: Tu veux savoir si je vais sortir cet après-midi.

A:
B: Tu dis ___

B: Est-ce que tu veux voir Nemo?
A: Tu demandes si je veux voir Nemo.

A:
B: Tu dis ___

B: Je t'attends devant le cinéma à quatre heures et quart.
A: Tu dis que tu m'attends devant le cinéma à quatre heures et quart.

A:
B: Tu dis ___

Double V ist ein Ratespiel für zwei – Voisin A und Voisin B. Jeder Voisin hat ein Raster vor sich. Das Spiel besteht aus zwei Runden. Es gibt also zwei Spalten für Voisin A und zwei Spalten für Voisin B. Ihr „versteckt“ jedesmal etwas in den entsprechenden Spalten des Rasters. In die anderen Spalten tragt ihr die Antworten des Voisin ein.

Mit diesem double V sollt ihr durch Fragen im „passé composé“ herausbekommen, was eine Person gemacht hat.

1 Zunächst bestimmt ihr, wer Voisin A und wer Voisin B ist, und ergänzt euer Raster mit dem entsprechenden Buchstaben.
Voisin A bestimmt, was Charlotte und Julia gemacht haben (vier Aktivitäten). Voisin B entscheidet, was Mehdi und Yann gemacht haben (vier Aktivitäten). Ihr sollt also vier Felder ankreuzen.
Voisin A soll nun herausfinden, was Mehdi und Yann gemacht haben. Voisin B soll herausbekommen, was Charlotte und Julia gemacht haben. Stellt euch wechselseitig Fragen.
Der andere Voisin antwortet entsprechend mit „Oui“ oder „Non“.
Für „Oui“ tragt ihr ein +, für „Non“ ein – in die entsprechende Spalte ein.
Dann überprüft ihr, ob ihr alles richtig verstanden habt: Ihr legt eure Raster nebeneinander und vergleicht sie.

2 Ihr seid dran. Bestimmt selbst, bevor ihr wie bei 1 weitermacht, wie viele Aktivitäten ihr euch überlegen sollt, d.h. wie viele Kreuze ihr in eurer Spalte machen könnt.

So fragt Voisin A.
Exemple:

1 Est-ce que Mehdi et Yann sont montés sur la colline du château?

2 Est-ce que tu es monté/e sur la colline du château?

So fragt Voisin B.
Exemple:

1 Est-ce que Charlotte et Julia sont montées sur la colline du château?

2 Est-ce que tu es monté/e sur la colline du château?

Voisin ____	1		2	
	Voisin A	Voisin B	Voisin A	Voisin B
	Charlotte et Julia	Mehdi et Yann	Voisin A	Voisin B
monter sur la colline du château				
aller à un concert				
téléphoner à un ami				
perdre cinquante euros				
lire un magazine				
écrire à une copine				
prendre une crêpe				
faire un tour en ville				
jouer au handball				
sortir avec des copains				
rester à la maison				
dormir jusqu'à dix heures				

Wisst ihr noch, wie man mit double V arbeitet? Jeder Voisin soll durch Fragen herausbekommen, wo der andere etwas versteckt hat.

Mit diesem double V sollt ihr durch Fragen im „présent“ herausbekommen, welche Aktivitäten eine Person macht.

1 Zunächst bestimmt ihr, wer Voisin A und wer Voisin B ist, und ergänzt euer Raster mit dem entsprechenden Buchstaben.

Voisin A bestimmt, was Dominique mittwochs macht (drei Aktivitäten). Voisin B entscheidet, was Camille an diesen Tagen macht (drei Aktivitäten). Ihr sollt also in der entsprechenden Spalte ein Feld ankreuzen.
Voisin A soll nun herausfinden, was Camille macht. Voisin B soll herausbekommen, was Dominique macht.
Stellt euch wechselseitig Fragen.
Der andere „Voisin“ antwortet entsprechend mit „Oui“ oder „Non“.
Für „Oui“ tragt ihr ein + , für „Non“ ein – in die entsprechende Spalte ein.
Dann überprüft ihr, ob ihr alles richtig verstanden habt: Ihr legt eure Raster nebeneinander und vergleicht sie.

2 Ihr seid dran. Bestimmt selbst, bevor ihr wie bei **1** weitermacht, wie viele Aktivitäten ihr euch überlegen sollt, d.h. wie viele Kreuze ihr in eurer Spalte machen könnt.

So fragt Voisin A.
Exemple:

1 Est-ce que Camille fait de la gym, le mercredi?

2 Est-ce que tu fais de la gym, le mercredi?

So fragt Voisin B.
Exemple:

1 Est-ce que Dominique fait de la gym, le mercredi?

2 Est-ce que tu fais de la gym, le mercredi?

Voisin ____

	1		2	
	Voisin A	Voisin B	Voisin A	Voisin B
	Dominique	Camille	Voisin A	Voisin B
faire du VTT				
faire de l'acrobatie				
faire de la voile				
faire du roller				
faire de la gym(nastique)				
faire du tennis de table				
faire de l'athlétisme				
faire de la danse				
faire du basket				
faire du théâtre				
faire de la boxe				
faire du foot				
faire de la vidéo				
faire du handball				
faire du ski				

Tandem Unité 4/A

Mit dieser Tandemübung übt ihr die indirekten Objektpronomen. Der eine Voisin stellt eine Frage, der andere Voisin beantwortet sie, indem er den „Regieanweisungen“ folgt.

1 Legt fest, wer Voisin A und wer Voisin B ist.

2 Faltet den Bogen entlang der Mittellinie.

3 Voisin A hat die linke, Voisin B die rechte Spalte vor sich.
Voisin A liest die erste Frage vor. Voisin B, der nur hört, reagiert.
Voisin A, der die Lösung vor sich hat, hilft, wenn es nötig ist.
Danach ist B an der Reihe und liest die nächste Frage vor. A antwortet entsprechend den Vorgaben.
B hilft, wenn nötig.

4 Nach einem Durchgang wechselt ihr die Rollen.

5 Am Ende könnt ihr das Gespräch selbstständig erweitern: Schreibt noch je eine Frage und die Antwort nach demselben Muster in euer Heft.

⚠ Lest die Repères, S. 74/2 noch einmal durch.

Voisin A

A: Tu téléphones à Julia ?
B: Oui, je lui téléphone tout de suite.

B:
A: Je ___ . (tout)

A: Qu'est-ce que tu achètes à Loïc et à Marie?
B: Je leur offre un DVD.

B:
A: Oui, je ___ . (souvent)

A: Tu écris à Charlotte?
B: Non, je ne lui écris jamais.

B:
A: Je ___ . (de l'argent)

A: Qu'est-ce que tu donnes à ton copain?
B: Je lui donne mon livre.

B:
A: Je ___ . (une bédé)

Voisin B

A:
B: Oui, je ___ . (tout de suite)

B: Qu'est-ce que tu racontes à tes frères?
A: Je leur raconte tout.

A:
B: Je ___ . (un DVD)

B: Tu téléphones à tes grands-parents?
A: Oui, je leur téléphone souvent.

A:
B: Non, je ne ___ . (jamais)

B: Qu'est-ce que tu demandes à tes parents?
A: Je leur demande de l'argent.

A:
B: Je ___ . (mon livre)

B: Qu'est-ce que tu achètes à ta sœur?
A: Je lui achète une bédé.

Mit dieser Tandemübung übt ihr die Stellung und die Angleichung der Adjektive. Der eine Voisin stellt eine Frage, der andere Voisin beantwortet sie, indem er den „Regieanweisungen“ folgt.

1 Legt fest, wer Voisin A und wer Voisin B ist.

2 Faltet den Bogen entlang der Mittellinie.

3 Voisin A hat die linke, Voisin B die rechte Spalte vor sich.
Voisin A liest den ersten Satz vor. Voisin B, der nur hört, reagiert.
Voisin A, der die Lösung vor sich hat, hilft, wenn es nötig ist.
Danach ist B an der Reihe und liest die nächste Frage vor. A antwortet entsprechend den Vorgaben.
B hilft, wenn nötig.

4 Nach einem Durchgang wechselt ihr die Rollen.

5 Am Ende könnt ihr das Gespräch selbstständig erweitern: Schreibt noch je eine Frage und die Antwort nach demselben Muster in euer Heft.

Réponses:
C'est un/une + *adjectif* + *nom*
C'est un/une + *nom* + *adjectif*

Réponses:
C'est un/une + *adjectif* + *nom*
C'est un/une + *nom* + *adjectif*

⚠ Bevor ihr die Übung macht, könnt ihr die Repères, S. 90/2, 3 noch einmal lesen.

Voisin A

A: Tu connais la chambre de Pascal?
B: Oui, c'est une petite chambre.

B:
A: Oui, c'est un ___ . (blau)

A: Tu aimes bien Lucie?
B: Oui, c'est une fille intelligente.

B:
A: C'est ___ . (schön)

A: Comment est-ce que tu trouves Loïc?
B: C'est un garçon courageux.

B:
A: C'est ___ . (neu)

A: David, c'est qui?
B: C'est un nouvel élève.

B:
A: Oui, c'est ___ . (schön)

Voisin B

A:
B: Oui, c'est une ___ . (klein)

B: Tu as vu le sac de Léa?
A: Oui, c'est un sac bleu.

A:
B: Oui, c'est ___ . (kluges Mädchen)

B: Comment est-ce que tu trouves cette histoire?
A: C'est une belle histoire.

A:
B: C'est ___ . (mutiger Junge)

B: Je ne connais pas ce pull.
A: C'est un nouveau pull.

A:
B: C'est ___ . (neuer Schüler)

B: Est-ce que tu as aimé ce film?
A: Oui, c'est un beau film.

Mit dieser Tandemübung übt ihr die Fragestellung mit einer Präposition und „qui“ oder „quoi“.
Der eine Voisin stellt eine Frage, der andere Voisin beantwortet sie, indem er den „Regieanweisungen“ folgt.
Hier muss der Voisin bei der Antwort die richtige Alternative wählen.

1 Legt fest, wer Voisin A und wer Voisin B ist.

2 Faltet den Bogen entlang der Mittellinie.

3 Voisin A hat die linke, Voisin B die rechte Spalte vor sich.
Voisin A liest den ersten Satz vor. Voisin B, der nur hört, reagiert.
Voisin A, der die Lösung vor sich hat, hilft, wenn es nötig ist.
Danach ist B an der Reihe und liest die nächste Frage vor. A antwortet entsprechend den Vorgaben.
B hilft, wenn nötig.

4 Nach einem Durchgang wechselt ihr die Rollen.

5 Am Ende könnt ihr das Gespräch selbstständig erweitern: Schreibt noch je eine Frage und die Antwort nach demselben Muster in euer Heft.

Voisin A

A: De quoi est-ce qu'ils parlent?
B: Ils parlent ~~de Charlotte /~~ de la marée noire.

B:
A: (des pêcheurs / de la pollution)

A: À qui est-ce qu'Yvon parle?
B: Il parle ~~aux livres /~~ aux enfants.

B:
A: (des enfants / du vent)

A: De qui est-ce que ça dépend?
B: Ça dépend ~~de la télé /~~ des Bretons.

B:
A: (aux journalistes / aux vacances)

A: À quoi est-ce que tu penses?
B: Je pense aux actualités ~~/ aux jeunes~~.

B:
A: (d'un bateau / d'un pêcheur)

A: De qui est-ce que tu rêves?
B: Je rêve ~~de mes vacances /~~ de mes copains.

B:
A: (avec mes frères / avec mon ordinateur)

Voisin B

A:
B: (de Charlotte / de la marée noire)

B: De qui est-ce qu'elles parlent?
A: Elles parlent des pêcheurs ~~/ de la pollution~~.

A:
B: (aux livres / aux enfants)

B: De quoi est-ce que ça dépend?
A: Ça dépend ~~des enfants /~~ du vent.

A:
B: (de la télé / des Bretons)

B: À qui est-ce que tu penses?
A: Je pense aux journalistes ~~/ aux vacances~~.

A:
B: (aux actualités / aux jeunes)

B: De quoi est-ce que tu rêves?
A: Je rêve d'un bateau ~~/ d'un pêcheur~~.

A:
B: (de mes vacances / de mes copains)

B: Avec qui est-ce que tu travailles?
A: Je travaille avec mes frères ~~/ avec mon ordinateur~~.

Unité 1/2

DELF **9** *Écoute le texte et coche la bonne réponse.*

1.
- [ ] Adrien téléphone à sa tante.
- [x] Adrien téléphone à sa grand-mère.
- [ ] Adrien téléphone à sa copine.

2.
- [x] Adrien parle de son correspondant.
- [ ] Adrien parle d'un nouveau à l'école.
- [ ] Adrien parle d'un concert de musique.

3. Markus habite en Autriche.
- [ ] Vrai.
- [x] Faux.
- [ ] Je ne sais pas.

4. Adrien est bon en allemand.
- [ ] Vrai.
- [x] Faux.
- [ ] Je ne sais pas.

5. Adrien joue dans un club de handball.
- [x] Vrai.
- [ ] Faux.
- [ ] Je ne sais pas.

6. Adrien aime les excursions et le vélo.
- [x] Vrai.
- [ ] Faux.
- [ ] Je ne sais pas.

7. Markus et Adrien vont jouer de la guitare ensemble.
- [x] Vrai.
- [ ] Faux.
- [ ] Je ne sais pas.

8.
- [ ] Michèle est la grand-mère d'Adrien.
- [ ] Michèle est la tante d'Adrien.
- [x] Michèle est la tante de Markus.

Unité 2/3

DELF **6** *Écoute le texte. Où est-ce que Marie est allée à Nantes? Dans quel ordre? Note les numéros sur le plan.*

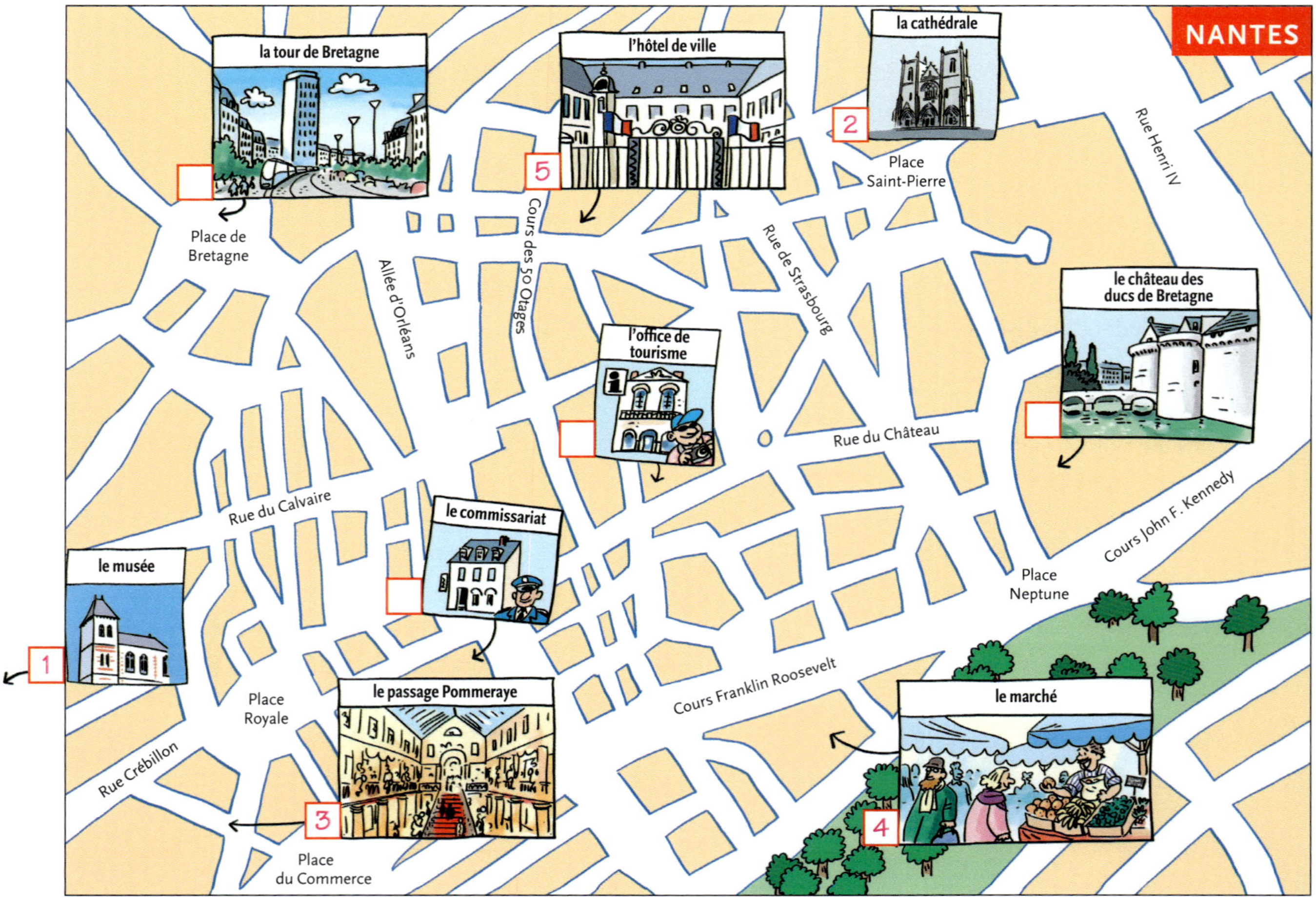

Unité 3/3

DELF **4** **a** *Écoute les textes. Voici le plan: Qui connaît le bon chemin?*

☒ La femme a raison. ☐ L'homme a raison.

b *Réécoute le bon dialogue et trace le chemin* que tu dois prendre.*

* **tracer le chemin** den Weg zeichnen

Unité 4/2

DELF **5** **a** *Écris le nom de Yannick et d'Alex à côté de leur portrait.*

Alex ______________________

Yannick ______________________

____

____

b *Réponds aux questions.*

1. Où se passe la scène?
   - ☐ À l'école.
   - ☒ Au téléphone.
   - ☐ Dans la rue.
2. Valérie propose quelque chose à Victor:
   - ☒ aller au cinéma.
   - ☐ faire une excursion.
   - ☐ lancer une opération «ruban vert».
3. Victor
   - ☐ est d'accord.
   - ☐ n'est pas d'accord.
   - ☒ ne peut pas.
4. Victor propose quelque chose à Valérie:
   - ☐ aller à Noirmoutier.
   - ☒ faire de la voile.
   - ☐ aller à l'anniversaire de Yannick.

Unité 5/2

DELF **6** *Lis d'abord les phrases. Puis, écoute le texte et coche les bonnes réponses.*

1. Le bandit est	☐ assez petit.	☒ assez grand.	☐ très grand.
2. Il a	☐ entre 20 et 25 ans.	☒ entre 25 et 30 ans.	☐ entre 30 et 35 ans.
3. Il est	☐ brun aux yeux verts.	☐ brun aux yeux bleus.	☒ blond aux yeux verts.
4. Il porte	☐ un pantalon gris.	☒ un pantalon bleu.	☐ un pantalon noir.
5. Il porte	☒ une veste noire.	☐ une veste bleue.	☐ une veste grise.
6. Il a	☐ une casquette noire.	☐ une casquette blanche.	☐ une casquette bleue.
7. Il porte	☐ des chaussures bleues.	☐ des baskets noires.	☒ des baskets blanches.

Unité 6/3

DELF **5** *Écoute le texte et réponds aux questions.*

Première partie: Avant les vacances

1. Avec qui est-ce que Cyril va visiter la Bretagne?
☐ Avec ses parents.
☒ Avec son frère.
☐ Avec une copine.

2. Quels endroits est-ce qu'il va visiter et dans quel ordre? Note les numéros sur la carte. (Commence par 1, puis 2 etc.)

3. Où est-ce qu'il va dormir?
☒ Dans des campings.
☐ Dans des hôtels.
☐ Chez les grands-parents d'un copain.

Deuxième partie: À la rentrée

1. Quel temps a-t-il fait?
☐ Beau.
☐ Très beau.
☒ Mauvais.

2. Est-ce que Cyril est content de ses vacances?
☒ Oui.
☐ Non.
☐ On ne sait pas.

3. Comment est-il retourné à Nantes?
☐ En voiture.
☐ En bus.
☒ En train.

Unité 1 (Bilan autocorrectif, S. 18)

1
Je suis pour la promenade.
Je suis contre l'excursion.
Je préfère jouer aux cartes.
Je voudrais parler deux langues.
Ce n'est pas juste.
Je ne suis pas d'accord pour le programme.
Je joue de la guitare.
Il faut manger.

Wenn du Probleme hattest:
→ Lies die Texte der Unité noch einmal durch und suche nach den in den Lösungen angegebenen Rewendungen.
→ Übe noch einmal die Rubrik Qu'est-ce qu'on dit? in den Repères auf S. 21/1, indem du immer eine Spalte abdeckst.
→ Hast du mit der Rechtschreibung Schwierigkeiten, dann schreibe die Redewendungen auf.
→ Wiederhole folgende Übungen: Carnet, S. 9/5, S. 15/3.

2
1. – Où va ce train?
   – Je ne sais pas ... Attends, je vais demander à cet homme.
2. – Bon, on la fait, cette excursion?
   – Oui, tiens, prends ces deux sacs.
3. – Qu'est-ce que tu vas faire de cet argent?
   – Je vais acheter ces bédés.

→ Die Demonstrativbegleiter kannst du auf S. 21/2 nachschlagen.
→ Den Gebrauch der Demonstrativbegleiter kannst du mit folgenden Übungen trainieren: Livre, S. 20/3, 4; Carnet, S. 16/7.

3
1. Pierre rentre chez lui. Il demande à Julien. «Est-ce que tu veux venir avec moi?»
2. Julien répond: «D'accord, je viens avec toi.»
3. Isabelle va chez son amie. Elle va travailler avec elle.
4. Marion et son frère rentrent chez eux. Sophie et sa sœur rentrent chez elles.

→ Du kannst die unverbundenen Personalpronomen auf S. 21/3 im Livre noch einmal nachschlagen.
→ Mache die folgenden Übungen im Livre noch einmal: S. 20/5, 6, S. 24/6; im Carnet: S. 14/2, 15/3, 4.

4
1. Le mercredi, nous nageons à la piscine de notre quartier.
2. Tout est bloqué. Nous descendons.
3. Ils dorment avant minuit.
4. Vous lisez souvent au lit?
5. Elles écrivent des lettres.

→ Du kannst die Konjugation der Verben im Verbverzeichnis deines Schülerbuches auf S. 145 nachschlagen.
→ Wenn du Fehler gemacht hast, versuche dir die unterschiedlichen Verbformen einzuprägen, schlage dein Buch zu und schreibe dann die Konjugation von je einem dir bekannten Verb mit der Endung „-er", „-ir", „-re" in dein Heft.
→ Arbeite auch in diesem Jahr mit der Verbkartei. (→ S. 81) Wiederhole regelmäßig die Verbformen.
– Mit folgenden Übungen kannst du außerdem die Verben üben:
Livre, S. 14/5, S. 16/4; Carnet, S. 5/5, S. 11/3, S. 17/9.

5
1. Paul demande à Mathieu s'il veut jouer aux cartes avec lui.
2. Mathieu répond/dit qu'il préfère faire un tour à vélo.
3. Paul pense/dit qu'il va pleuvoir.
4. Mathieu pense/trouve/dit que ce n'est pas une catastrophe.

→ Portfolio

Auf der Seite 22/8 in den Repères kannst du nachlesen, wie du etwas im Französischen in der indirekten Rede wiedergeben kannst. Denke nicht nur daran, Subjektpronomen und Verbformen umzuwandeln, sondern auch an die Veränderung von anderen Personalpronomen und Possessivbegleitern.
Mit folgenden Übungen kannst du noch einmal trainieren: Livre, S. 13/4, S. 17/5, 6, S. 24/5; Carnet, S. 8/2, S. 12/4, 5, 6.

Unité 2 (Bilan autocorrectif. S. 30)

1 aimé, pu, été, acheté, écrit, pris, attendu, lu, fait, vu, eu, mis

→ Die Regeln zur Bildung des Partizips Perfekt findest du auf S. 39/4 im Livre. Wiederhole die Formen regelmäßig.
→ Denke daran, deine Verbkartei mit dem Partizip Perfekt und den richtigen Formen des „passé composé" zu vervollständigen.
→ Im Carnet kannst du folgende Übungen wiederholen: S. 23/5, S.27/1.

2
1. Tu as visité le château.
2. Elles sont parties en train?
3. J'ai été malade.
4. Il est descendu à cinq heures.
5. Nous avons appris beaucoup de choses.
6. Vous avez dormi jusqu'à neuf heures et demie!

→ Die Regeln zur Bildung des „passé composé" kannst du in den Repères auf S. 38/3 nachschlagen.
→ Mit folgenden Übungen kannst du noch einmal trainieren:
Livre, S. 29/2, 4, S. 31/3, 5, 7, S. 33/3, 4, S. 34/5, S. 36/5, S. 37/6, 7, 9, S. 41/5;
Carnet, S. 20/1, 2, S. 22/4, S. 23/5 b, 6, S. 24/2, 3, S. 25/4, 6, S. 27/3.

3
1. Mais non, il n'a pas plu.
2. Elles ne sont pas arrivées après nous.
3. Tu n'as pas répondu aux questions des corres.
4. Nous n'avons pas pris beaucoup de photos.

→ Lies die Repères auf S. 39/5 noch einmal durch und trainiere mit folgenden Übungen:
Livre, S. 36/2, S. 37/7; Carnet, S. 27/2.

4
1. Je ne suis pas en forme.
2. C'est la vie.
3. On ne doit pas bouger.
4. Tu as eu des problèmes de langue en France?
5. C'est sûr.

→ Übe regelmäßig mit der Rubrik Qu'est-ce qu'on dit? in den Repères, indem du immer eine Spalte abdeckst. Hast du Schwierigkeiten mit der Rechtschreibung, dann schreibe die Sätze auf.
→ Vergiss nicht, die Texte der Unités regelmäßig zu wiederholen.
→ Folgende Übungen kannst du im Carnet wiederholen: S. 22/4, S.28/5.

5 un château, une île, une cabine téléphonique, une carte d'identité, un commissariat, une main, un souvenir, une valise

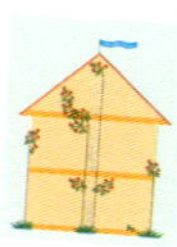

→ Portfolio

→ Auch für den Wortschatz gilt folgende Regel: regelmäßig wiederholen! Du kannst mit Hilfe der Wortliste, z. B. mit der Schablone, trainieren.
→ Denke auch daran, die Vokabeln der vorangegangenen Unités zu wiederholen!
→ Du kannst dir deine eigene Wortkartei basteln (z. B. Zeichnung auf der einen Seite, Wort auf der anderen Seite).
→ Auch mit verschiedenen Übungen kannst du die Vokabeln dieser Unité üben: im Livre auf S. 31/6, S. 37/8, S. 40/3; im Carnet auf S. 22/3, S. 25/5.

Unité 3 (Solutions du quiz, p. 32/3)

Tu es bon(ne) en géographie?

1. la Manche
2. Clermont-Ferrand
3. sur le Rhône
4. la Seine
5. Grenoble
6. du ski

Unité 3 (Bilan autocorrectif, S. 41)

1 On a encore de la farine, mais on n'a plus de chocolat.
On a encore des mangues, mais on n'a plus d'oranges.
On a encore du sucre, mais on n'a plus de crème fraîche.
On a encore des bananes, mais on n'a plus d'abricots.
On a encore du beurre, mais on n'a plus de lait.
On a encore de l'eau, mais on n'a plus de jus de fruits.

→ Die Teilungsartikel und die Mengenangaben kannst du auf S. 55/3 im Livre nachschlagen.
→ Hattest du Probleme, diese Übung zu lösen? Dann mache folgende Übungen (noch einmal): Livre, S. 47/3, 4, S. 48/6; Carnet, S. 32/1, 2, S. 33/2, S. 34/3, S. 35/7.
→ Überlege dir zur Übung, was man für dein Lieblingsessen für Zutaten benötigt, und schreibe das Rezept in dein Heft.

2 **a** Quel sport est-ce que tu pratiques?
Tu as faim ou soif?

b Vous prenez la deuxième rue à droite et vous continuez tout droit jusqu'au troisième feu. Au carrefour, vous tournez à gauche. Vous trouvez le supermarché à gauche, après cinq cents mètres.

→ Die Rubrik Qu'est-ce qu'on dit? in den Repères – auch der vorigen Unités – solltest du regelmäßig wiederholen.
→ Wegbeschreibungen kannst du auch mit folgenden Übungen im Carnet trainieren: S. 37/6, 7.

3 Moi, j'ai treize ans. Et toi, tu as quel âge? Je suis en cinquième. Tu es dans quelle classe? J'aime les romans de Jules Verne et les bédés de Titeuf. Et toi, quels livres ou quelles bédés est-ce que tu lis?
Le mercredi, je fais de l'athlétisme et du VTT. Quels sports est-ce que tu pratiques?

→ Schlage die Fragebegleiter in den Repères auf S. 55/2 nach.
→ Wiederhole Übung 5 auf S. 48 im Livre, im Carnet Übung 5 auf S. 34.

4 Jules Verne, qui est né à Nantes, a écrit beaucoup de livres que beaucoup de jeunes aiment lire encore aujourd'hui. «L'Île mystérieuse», «Vingt mille lieues sous les mers» racontent des histoires fantastiques dans des endroits qui sont souvent dangereux, mais où tout est possible.

→ Lies noch einmal die Repères auf S. 56/5.
→ Folgende Übungen helfen dir die Relativpronomen zu trainieren:
Livre, S. 50/2, 3, 4, S. 53/4, S. 54/5, 6, S. 57/5;
Carnet, S. 37/5, S. 38/2, S. 40/7.

5 deux cent trente-quatre
cinq cent cinquante-six
neuf cent quatre-vingt-onze
cent quatre-vingt-dix-neuf
huit cent trois

→ Die Zahlen solltest du regelmäßig üben.
→ Du kannst folgende Übungen noch einmal machen: Livre, S. 54/7; Carnet, S. 38/1.

6
– Nous connaissons un garçon super qui sait jongler avec des assiettes.
– Vous le connaissez aussi?
– Je ne sais pas. Vous savez comment il s'appelle?

→ Portfolio

→ Verwechsle nicht savoir und connaître. Beherrschst du etwas, benutzt du savoir. Connaître benutzt du, wenn du etwas oder jemanden kennen gelernt hast.
→ Sind dir die richtigen Formen nicht eingefallen, schlage die Rubrik Les verbes im Anhang auf S. 145 noch einmal auf.
→ Vergiss nicht die Verbformen regelmäßig zu üben. Deine Verbkartei hilft dir dabei. (→ Carnet, S. 81)

Unité 4 (Bilan autocorrectif, S. 52)

1

1. le bras
2. la jambe
3. le ventre
4. le bateau
5. le portable
6. la fenêtre
7. le judo
8. la terre
9. le ruban

→ Sind dir die Wörter nicht eingefallen, solltest du sie wiederholen.
→ Denke auch daran, die Wörter immer mit ihrem Artikel zusammen zu lernen.
→ Hast du Schwierigkeiten mit der Rechtschreibung, ist es wichtig, dass du die Wörter öfter schreibst.
→ Folgende Übungen kannst du im Livre wiederholen: S. 67/5; im Carnet auf S. 45/4, 5, S, 49/1, 2.

2

Cela ne sert à rien.
Philippe a raison.
Il faut donner l'exemple.

N'aie pas peur, nous allons aider les victimes de la violence.
Ne soyons pas égoïstes, lançons une opération «ruban vert».

→ Schlage regelmäßig die Rubrik Qu'est-ce qu'on dit? nach.
→ Denke auch daran, die Redewendungen der vorigen Unités mit zu wiederholen.
→ Wiederhole die Übung 6 auf S. 48 deines Carnet. Lies die Texte der Unité noch einmal aufmerksam durch.

3

vous avez réagi, elles choisissent, tu as ouvert, ils agissent, elles applaudissent, elle choisit, tu réagis, vous offrez, on applaudit, je réfléchis

→ Die Konjugationen findest du auf S. 145 deines Schülerbuchs.
→ Du kannst auch die Repères auf S. 75/4 noch einmal durchlesen.
→ Mache folgende Übungen noch einmal: Livre, S. 70/5, S. 72/2, 3; Carnet, S. 50/4, 5.

4

1. – Tu as écrit à ton copain?
   – Oui, je lui ai écrit.
2. – Qu'est-ce que tu as acheté à tes parents?
   – Je leur ai offert un DVD.
3. – Qu'est-ce que tu as raconté à ta sœur?
   – Je lui ai raconté une histoire de Jules Verne.
4. – Qu'est-ce que votre prof vous a proposé?
   – Il nous a proposé un voyage à Paris.

→ Schlage die Repères auf S. 74/2 auf.
→ Du kannst verschiedene Übungen wiederholen: Livre auf S. 62/2, S. 63/3, 4, S. 66/3, S. 76/2, 3, S. 77/4; Carnet auf S. 43/1, 2, 3, S. 44/3.

5

1. Non, elle n'a jamais été en Allemagne.
2. Non, je n'ai vu personne (dans la rue).
3. Non, ils n'ont rien dit.

→ Schlage die Repères auf S. 75/7 auf.
→ Du kannst mit folgenden Übungen trainieren: Livre auf S. 69/3, 4, S. 73/6, 7; Carnet auf S. 48/4, S. 49/3.

6

1. Mon frère est malheureux parce qu'il ne peut pas sortir ce soir.
2. – Beaucoup d'élèves viennent au concert?
   – Non, nous n'allons pas être nombreux.
3. – Charlotte et Clémence ont peur?
   – Non, elles sont courageuses.
4. Elle est heureuse: elle a eu son ASSR.

→ Auf den Repères S. 74/3 kannst du nachlesen, wie man Adjektive auf -eux bildet.
→ Trainieren kannst du mit folgenden Übungen: Livre, S. 65/2; Carnet, S. 44/2.
→ Weitere Übungen zu Adjektiven findest auf S. 50/7 im Carnet und im Livre auf S. 73/8.

7
1. Portez-vous votre ruban vert?
2. Comment passe-t-on son ASSR?

→ Lies die Informationen zur Inversionsfrage in den Repères auf S. 75/8 nach.
→ Folgende Übungen kannst du wiederholen: Livre, S. 72/5; Carnet, S. 50/6.

Unité 5 (Bilan autocorrectif, S. 68)

1 grand, petit, nouveau, bon, beau, joli

→ Lies die Repères, S. 90/3 noch einmal durch.
→ Trainieren kannst du mit folgenden Übungen: Livre, 83/3, 4, 5; Carnet, S. 58/4; S. 59/5, 6.

2 Elle prend un pull vert, un pull rose, deux sweats jaunes, quatre tee-shirts , un rose, un bleu, un noir et un gris, un imper blanc, une robe blanche, une veste à carreaux , deux jupes bleues, un pantalon vert et un jean bleu, des lunettes de soleil et des baskets rouges et noires.

→ Folgende Übungen helfen dir den Wortschatz und die Farbadjektive zu üben:
Livre, S. 81/1, 2, 3, 4, S. 83/5, S. 86/5, S. 92/1, S. 94/7; Carnet, S. 56/1, 2, 3, S. 57/2c, S. 67/10.
→ Zur Übung kannst du auch eine Collage machen, indem du Kleidungsstücke aus Zeitschriften ausschneidest und mit den entsprechenden Bezeichnungen versiehst.

3 1c, 2d, 3e, 4a, 5b

Wiederhole regelmäßig die Rubrik Qu'est ce qu'on dit? in den Repères.

4
a
1. meilleure que / moins bonne que / plus chère qu'
2. plus facile / aussi facile / moins facile que
3. moins confortables que / plus belles / aussi chères

b
1. C'est le plus beau jour de ma vie.
2. David a toujours les meilleures notes.
3. Tu es là, pour moi, c'est le plus important.
4. Sabrina est la fille la plus gentille de la classe.
5. Je pense que c'est la meilleure solution.

→ Die Bildung des Komparativs und Superlativs der Adjektive kannst du in den Repères auf S. 91/4 und 5 nachschlagen.
→ Zur Übung kannst du folgende Übungen noch einmal machen:
Livre, S. 85/2, 3, S. 88/3, 4; Carnet: S. 61/3, 4, S. 65/6, 7.

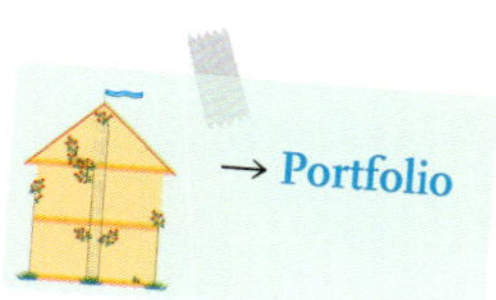

Unité 6 (Bilan autocorrectif, S. 79)

1
1. Il y a du soleil (aujourd'hui).
2. Il y a du vent.
3. Il est interdit de se baigner.
4. Je ne suis pas d'ici.

→ Du solltest die Rubrik Qu'est-ce qu'on dit erneut durchnehmen.
→ Lies die Texte der Unité noch einmal aufmerksam durch.
→ Vielleicht kannst du dir die Redewendungen besser einprägen, wenn du sie aufschreibst.

2 Im Uhrzeigersinn von oben:
le ciel, la côte, l'horizon, la mer, la vague, le sable, le rocher, le coquillage, la plage

→ Wiederhole den Wortschatz regelmäßig mit der chronologischen Liste und mit Hilfe der Schablone.
→ Du kannst auch dein eigenes Plakat zeichnen und die verschiedenen Wörter aufschreiben.
→ Trainieren kannst du noch einmal mit folgenden Übungen: Livre. S. 96/1, S. 102/4, S. 107/1, 2; Carnet, S. 70/1, S. 71/1, S. 78/6.

3 – À quoi est-ce que tu t'intéresses, Simon?
– Moi, je m'intéresse à la voile et au surf. Mes copains, eux, s'intéressent plutôt au foot.

→ Du kannst die Repères auf S. 105/3 noch einmal durchlesen und die dazugehörige Übersetzungsübung machen.
→ Übungen zu den Reflexivverben findest du im Livre auf S. 102/2, 3, im Carnet auf S. 75/4.

4 Le 12 septembre 2004, Amélie Mauresmo devient, à 25 ans, la nouvelle «numéro un» de tennis. Qu'est-ce qu'elle faisait quand elle était petite? À quatre ans, elle s'intéressait déjà au tennis et elle regardait souvent les matchs à la télé. Elle jouait avec son grand frère parce qu'elle n'avait pas encore l'âge pour commencer des cours dans une école de tennis.

→ Zur Bildung des imparfait informieren dich die Repères auf S. 106/4.
→ Du kannst auch mit der Verbkartei üben. (→ Carnet, S. 81)
→ Mit folgenden Übungen kannst du trainieren: Livre, S. 103/1, S. 104/2, 3, 4, 5; Carnet, S. 76/2, 3, sowie mit der Übung Apprendre à apprendre auf der Seite 78.

5 À qui est-ce que tu poses des questions?
À qui est-ce que tu penses?
De qui est-ce que tu parles?
De quoi est-ce que tu parles?
À quoi est-ce que tu penses?

→ In den Repères auf S. 106/6 kannst du nachlesen, wie du im Französischen eine Frage mit einem Fragewort und einer Präposition bildest. Merke dir: quoi benutzt du bei Sachen, qui bei Personen.
Folgende Übungen helfen dir zu wiederholen:
Livre, S. 98/4, S. 107/3; Carnet, S. 71/2, S. 72/4.

6 Toute la côte est sale et tous les Bretons s'intéressent à la marée noire. Dans les écoles, toutes les institutrices et tous les instituteurs parlent du problème avec leurs élèves. Tous les gens qui veulent aider se retrouvent sur la plage et travaillent toute la journée. Il faut vite ramasser tout le pétrole. On ne peut pas sauver tous les oiseaux, mais on essaie.

→ Lies die Repères auf S. 106/5 noch einmal durch.
→ Trainieren kannst du mit folgenden Übungen:
Livre, S. 98/3; Carnet, S. 73/7.

→ Portfolio

À plus ! 2

Französisch für Gymnasien

Module-lecture

Zur Gegenüberstellung des Gebrauchs von imparfait und passé composé

Zur Einführung des accord im passé composé (bei Verben mit avoir und reflexiven Verben)

Flexibel einsetzbar nach UNITÉ 6 oder SÉQUENCES SUPPLÉMENTAIRES

Cornelsen

Sans tambour ni trompette

Préparer la lecture

1 **a** *Regardez les dessins et les titres des chapitres et formez des groupes. Chaque groupe décrit un dessin et note son texte sur une feuille.*

1. Où est-ce que la scène a lieu?
2. Qu'est-ce que les personnages font?
3. À votre avis, qui sont les personnages, qu'est-ce qu'ils pensent ou disent?

b *Chaque groupe présente ses résultats aux autres.*

c *Imaginez ensemble l'histoire.*

1. Mardi, à 21 heures, dans un couloir du métro à Paris

Il était 21 heures. Ce mardi-là, Patricia Launay chantait depuis deux heures dans un couloir de la station République. Il y avait devant elle un bon nombre de personnes qui écoutaient un petit moment ses chansons: Ils mettaient un peu d'argent dans la boîte de la guitare puis ils s'en allaient. Mais un homme, un grand brun, était là depuis le début. Il portait des lunettes noires. Il écoutait Patricia et la regardait sans arrêt mais il n'applaudissait pas. Patricia le trouvait bizarre. Depuis un moment, on entendait aussi une trompette et un saxophone: C'était le groupe des S.T.N.T. ou «Sans tambour ni trompette», qui jouait pas très loin de Patricia. Dans ce groupe, il y avait trois musiciens: le gros Mathurin et son saxophone, Martin et sa trompette, Juju et son tambour, une drôle de fille aux cheveux roses. Très agressifs, les S.T.N.T. suivaient partout Patrica. Quand ils se mettaient près d'elle, on n'entendait plus la jolie voix de la jeune fille. Pourquoi cette méchanceté?

sans … ni ohne … und ohne … **le tambour** die Trommel **le couloir** der Gang, der Flur **le métro** die U-Bahn 1 **ce mardi-là** an diesem Dienstag 5 **la station** die Station, die Haltestelle 8 **le nombre** die Zahl, die Anzahl 13 **la boîte** der Kasten, die Schachtel 14 **s'en aller** weggehen 15 **l'arrêt** *m.* die Pause 16 **bizarre** *m./f. adj.* merkwürdig 16 **le saxophone** das Saxophon 18 **le/la musicien/ne** der/die Musiker/in 18 **gros/grosse** *adj.* dick 19 **une drôle de fille** ein seltsames Mädchen 19 **agressif/agressive** *adj.* aggressiv 19 **suivre qn** jdm folgen 20 **la voix** die Stimme 21 **la méchanceté** die Bosheit

2. Un type est arrivé

Jouer avec les S.T.N.T. à côté n'avait pas de sens. Et puis, il était déjà assez tard et Patricia était fatiguée. Tout à coup, un type a foncé vers elle. Il a bousculé la jeune fille qui rangeait sa guitare et l'instrument est tombé. Patricia, furieuse, a regardé sa guitare: Ouf! Elle n'était pas cassée. Elle est allée sur le quai pour prendre son métro. Elle est passée devant les S.T.N.T. qui lui ont lancé un regard ironique. Alors, Patricia est revenue vers eux. Elle a demandé à Juju: «On peut savoir pourquoi vous me suivez comme ça? Il n'y a pas assez de place dans le métro?» Juju et ses camarades n'ont pas répondu. Patricia est allée sur le quai. Là, elle a revu l'homme aux lunettes noires. C'était peut-être sa direction? Il la regardait, hésitait … Elle est vite montée dans le métro.

1 **à côté** zur Seite 1 **le sens** der Sinn 2 **tout à coup** plötzlich 2 **foncer vers qn** sich auf jdn stürzen 3 **furieux/-euse** *adj.* wütend 4 **cassé/e** *adj.* zerbrochen, kaputt 5 **passer devant qn/qc** an jdm/etw. vorbeigehen 6 **lancer qc à qn** *hier:* jdm etw. zuwerfen 6 **le regard** der Blick 6 **ironique** *m./f. adj.* ironisch 11 **la direction** die Richtung

3. Mercredi, à minuit

Le lendemain, c'était mercredi et le mercredi, Patricia ne jouait jamais dans le métro parce qu'elle s'occupait d'un petit garçon, Olivier Garcin. D'habitude, elle le gardait jusqu'à huit heures du soir mais quelquefois, elle restait très tard quand les parents sortaient. Elle apportait souvent sa guitare et chantait pour l'enfant.

Mais ce soir-là, la guitare est restée dans sa boîte parce que Patricia s'est occupée de l'enfant qui était malade. Les Garcin sont rentrés à 23 heures. Ils ont encore discuté un moment, puis la jeune fille est rentrée chez elle. La porte était ouverte. Bizarre … Dans la pièce, tout était en désordre. Il y avait des livres et des vêtements partout mais surtout, sa guitare, sa belle guitare était cassée. Ce n'était pas sa guitare du métro, la guitare qu'elle tenait encore à la main. Non, l'instrument cassé était sa guitare préférée, un beau cadeau de son grand-père pour ses quinze ans.

Elle a foncé au commissariat. Elle a raconté son histoire à un inspecteur qui n'était pas très sympathique: «Écoutez, on n'a pas cambriolé votre appartement. Votre guitare est cassée, c'est dommage, mais on ne vous l'a pas volée. Alors, comme ça vous jouez dans le métro? Ce n'est pas sérieux. Et ça peut être dangereux. Il y a peut-être là des types qui ne vous aiment pas?»

1 **le lendemain** am nächsten Tag 4 **d'habitude** gewöhnlich 6 **sortir** *hier:* ausgehen 14 **la pièce** das Zimmer 16 **surtout** vor allem 22 **foncer à qc** irgendwohin rennen 23 **l'inspecteur/l'inspectrice** der/die Inspektor/in 24 **cambrioler qc** in etw. einbrechen 28 **sérieux/-euse** *adj.* ernst

4. Jeudi soir, dans le métro

Des ennemis? Fallait-il soupçonner les S.T.N.T.? Ce soir-là, Patrica les a revus dans le métro. Elle est allée tout droit vers eux et leur a raconté son histoire. «Mais tu joues comme un pied, ma petite, a lancé Juju, alors qu'est-ce que tu veux faire d'un bon instrument?» «Vous êtes jaloux, a répondu Patrica, et je ne sais même pas pourquoi vous m'en voulez. Mon appart, vous l'avez cambriolé, oui ou non?» «Non! ont crié les trois jeunes, et maintenant tu te casses ou on te ...» Patrica est allée dans un autre couloir et a sorti sa guitare de la boîte. À ce moment-là, elle a vu l'homme aux lunettes noires qui marchait vers elle. Elle a eu peur, le genre de panique qu'on ne peut pas expliquer. Elle a pris sa guitare et est repartie plus loin, mais à ce moment-là, trois types sont arrivés derrière elle. L'un d'eux a poussé Patrica contre le mur du couloir. Il tenait un couteau. Les deux autres rigolaient et chantaient. Les gens qui passaient ne faisaient pas attention à Patricia qui criait: «Mais laissez-moi, je ne vous ai rien fait!» et ils n'entendaient pas non plus l'homme au couteau qui la menaçait: «Tu nous dis où elle est ou on te casse les dents.» «Mais qui? disait Patrica, de qui est-ce que vous parlez?» «Tu fais l'imbécile? Bon, je commence par ton joli petit nez, disait le type, et on va voir si ...»

Tout à coup, elle a entendu les S.T.N.T. qui hurlaient: «Lâchez cette fille. Police! Au secours!» Les trois hommes ont tout de suite lâché Patricia qui a couru droit devant elle, droit sur ... l'homme aux lunettes noires. C'était trop, elle a crié et perdu connaissance.

1 **l'ennemi/e** *m./f.* der/die Feind/in 1 **soupçonner qn** jdn verdächtigen 4 **jouer comme un pied** miserabel spielen 5 **lancer qc** *hier:* etw. hervorstoßen 7 **jaloux/-se** *adj.* eifersüchtig 8 **en vouloir à qn** jdm böse sein 11 **Tu te casses!** Hau ab! 15 **le genre** die Art 15 **la panique** die Panik 18 **pousser qn** jdn stoßen 19 **le mur** die Mauer 19 **le couteau / les couteaux** das Messer 24 **menacer qn** jdn bedrohen 28 **le nez** die Nase 30 **hurler** schreien 31 **la police** die Polizei 33 **courir** laufen, rennen 35 **perdre connaissance** in Ohmacht fallen, ohnmächtig werden

5. Vendredi matin, à l'hôpital Saint-Louis

Quand les S.T.N.T. se sont retrouvés dans la chambre de Patricia, la jeune fille dormait à moitié. Elle a d'abord vu un grand bouquet de fleurs et derrière ce bouquet, Mathurin et son saxophone. Et derrière lui, sont arrivés Juju et son tambour, puis Martin et sa trompette.

«Euh, c'est pas trop mal pour une chambre d'hôpital» a dit Martin.

«Hm ..., a dit Juju, tu as plutôt l'air en forme! Tu sors quand?»

«Nous, on sort du commissariat, a dit Mathurin. Tu veux savoir pourquoi?»

Et il lui a tout expliqué.

«Tu sais le type qui est presque tombé sur ta guitare mardi? C'était un dealer. Il a jeté la drogue dans ta guitare à cause des flics qui le suivaient. Après, il voulait la reprendre, bien sûr, et il a cambriolé ton appart. Il a cherché et il n'a rien trouvé. Alors hier, ils sont venus à trois et tu connais la suite de l'histoire.»

«On est arrivés au bon moment» a dit Martin.

«Hm ... a dit Juju, elle a perdu la voix. C'est dommage, juste au moment où elle va devenir célèbre.»

«Célèbre? Moi? a dit Patricia ... Pourquoi? Ne me dites pas que cette histoire est dans le journal.»

«L'homme aux lunettes noires, a dit Mathurin, tu sais bien, le type qui t'écoutait pendant des heures ... Tu n'as rien remarqué?» ▸

«Elle n'a même pas reconnu Mabjoun! Ma pauvre Patricia, tu as besoin de lunettes» a rigolé Martin.

Mabjoun, le célèbre chanteur? Là, Patrica est vraiment restée sans voix. «Eh oui, a continué Mathurin, tu ne sais même pas qu'il cherche des jeunes pour son concert au Zénith. Hier, il voulait te parler. Nous, tu comprends, on espérait aussi, alors on n'aimait pas trop le voir à tes pieds ... mais bon. Il t'a choisie, ça se fête!»

Alors les S.T.N.T. ont pris leurs instruments et un drôle de concert a commencé. Une infirmière, furieuse, a ouvert la porte.

«Mais qu'est-ce que c'est que cette bande de sauvages, c'est un hôpital ici! Pas le Zénith!»

Mais à ce moment-là, un homme, jeune, aux lunettes noires, une guitare à la main est passé devant l'infirmière. Il lui a fait un joli sourire et il est entré dans la chambre. Et tout le monde est resté la bouche ouverte ...

2 **à moitié** halb 3 **le bouquet** der Strauß 9 **avoir l'air** aussehen 16 **le flic** *fam.* der Polizist 20 **la suite** die Fortsetzung 30 **remarquer qn/qc** jdn/etw. bemerken 31 **reconnaître qn/qc** jdn/etw. erkennen 32 **avoir besoin de qc** etw. brauchen 35 **vraiment** wirklich 35 **continuer** *hier:* fortsetzen 37 **le Zénith** Konzerthalle in Paris 40 **Ça se fête!** Das soll gefeiert werden! 42 **l'infirmier/l'infirmière** der/die Krankenpfleger/in 44 **qu'est-ce que c'est que ce/cette** (+ Nomen) was ist das für ein/eine (+ Nomen) *Ausruf* 45 **le/la sauvage** der/die Wilde 50 **le sourire** das Lächeln 51 **rester la bouche ouverte** völlig perplex sein

Comprendre

2 **a** *Qu'est-ce que vous apprenez sur les personnages? Notez toutes les informations et faites un tableau dans votre cahier. Utilisez le présent.*

Patricia	Les S.T.N.T.	L'homme ___
chante joue ___	groupe de ___	

b *Racontez les différentes étapes de l'action au présent à l'aide de votre tableau.*

c *À votre avis, pour qui est-ce que l'histoire finit bien/mal? Justifiez votre réponse.*

Découvrir

3 **a** *Répondez aux questions.*

1. Welches Bild stellt eine Situation dar, welches eine neu einsetzende Handlung?
2. Welche Sätze des zweiten Kapitels (Zeile 1–3 bis „... l'instrument est tombé.") passen zu welchem Bild? Schreibt sie in zwei Spalten heraus. Welche Zeitform benutzt man zur Beschreibung der Situation, welche für neu einsetzende Handlungen?

b Nennt weitere Beispiele im zweiten Kapitel für Beschreibungen und Handlungen.

4 *Formez les phrases. Utilisez l'imparfait et le passé composé.* (→ Grammaire, p. 8/2)

Exemple:
1. Je faisais mes devoirs quand mon copain est arrivé.

1. je / *faire* / devoirs / mon copain / *arriver*
2. il / *se préparer* / je / *téléphoner*
3. nous / *faire* / promenade / tempête / *commencer*
4. elle / *attendre* / bus / l'homme / *voler* son sac
5. mes parents / *dormir* / je / *rentrer* / cinéma
6. ils / *être* / chez des amis / on / *cambrioler* / leur appartement

5 **a** *Qu'est-ce qui va ensemble? Écrivez les phrases.* (→ Grammaire, p. 8/2)

Tout à coup, j'ai vu une voiture 1	a parce qu'elle était malade.
En ville, j'ai vu des musiciens 2	b et les garçons achetaient les boissons.
Les filles faisaient des crêpes 3	c et sa sœur rangeait la cuisine.
Martin rangeait sa chambre 4	d qui chantaient très bien.
Elle n'est pas allée au concert 5	e quand le dealer a cambriolé son appartement.
Après le collège, il a pris le bus, 6	f il a fait les courses et il est rentré.
Patricia était chez les Garcin 7	g qui roulait vers moi.

b *À vous. Écrivez trois phrases comme en* **a** *. Coupez-les en deux. Votre voisin/e retrouve les phrases que vous avez écrites.*

6 *Choisissez pour chaque phrase l'expression de temps correcte et écrivez l'histoire de Mabjoun dans votre cahier.* (→ Grammaire, p. 7/1)

1. Ce soir-là, / Le soir, je jouais dans le métro.
2. Parfois, / Ce soir-là, je n'ai pas sorti ma guitare de sa boîte.
3. Quelquefois, / Ce soir-là, je ne jouais pas de la guitare, je chantais.
4. À un moment, / Souvent, quelqu'un a mis un peu d'argent dans la boîte.
5. Souvent,/Ensuite, les gens ne donnaient rien.
6. Alors,/D'habitude, je ne regardais pas les gens qui m'écoutaient.
7. Tout à coup, / D'habitude, j'ai vu un homme qui m'écoutait.
8. Souvent,/Enfin, j'ai reconnu cet homme. C'était Jean-Jacques Goldmann qui cherchait des jeunes pour son concert au Zénith.

7 *Mettez les phrases au passé composé.* (→ Grammaire, p. 8/3)

1. Patricia prépare un concert. Elle se prépare à un concert.
2. Les dealers cachent de la drogue dans la guitare de Patricia. Les bandits se cachent dans le métro.
3. La jeune fille retrouve les S.T.N.T. dans un couloir de la station République. Les musiciens se retrouvent devant la gare.
4. Un type casse la guitare de Patricia. Les lunettes de Mabjoun tombent et se cassent.
5. Olivier sent la bonne odeur des crêpes. Il se sent en forme.

8 *Raconte ta journée. Utilise un maximum de ces verbes au passé composé.*

> *se laver* *se préparer* *se garer* *s'attendre* *se baigner*
> *s'occuper* de *se protéger* *se retrouver* *se promener* *se téléphoner*

9 *Lisez les phrases et répondez: De quoi est-ce qu'on parle?* (→ Grammaire, p. 8/3)

1. Je les ai mises dans l'armoire.	les pantalons	/ les jupes
2. Tu les as déjà mangées?	les crêpes	/ les pains au chocolat
3. Justine l'a écrite pendant les vacances.	le message	/ la lettre
4. Je les ai faits avec Olivier.	les devoirs	/ les explications de texte
5. Je les ai mis sur l'étagère.	les bédés	/ les DVD
6. Nous l'avons attendue longtemps.	Amélie	/ Antoine

10 *Quels verbes vont avec quels noms? Faites des petits poèmes d'après le modèle. Attention à l'accord du participe!* (→ Grammaire, p. 8/3)

> la guitare les livres les photos la perruche la lettre
> les messages les films l'affiche la robe la valise ___

Exemple:
la guitare
que j'ai voulue
que j'ai ___
je l'ai utilisée
je l'ai ___
on me l'a volée.

> *acheter* *adorer* *aimer* *avoir* *casser* *coller* dans un album
> *détester* *donner* *écrire* *essayer* *faire* *fermer*
> *jeter* *laver* *lire* *offrir* *ouvrir* *perdre* *ranger* *regarder*
> *(re)trouver* *prendre* *sauver* *voler* *voir* *vouloir* ___

Grammaire

1 Der Gebrauch von „imparfait" und „passé composé" im Text

Hintergrund	**Vordergrund**
Beschreibung eines Zustands, einer Situation	Handlung, Ereignisse, Aktion
Frage	**Frage**
Was war schon?	Was ist geschehen?
imparfait	**passé composé**

L'enfant **était** malade. → Les Garcin **sont rentrés** à 23 heures. Ils **ont** encore **discuté** un moment puis la jeune fille **est rentrée** chez elle.

↙ La porte **était** ouverte. Dans la pièce, tout **était** en désordre. Il y **avait** des livres et des vêtements partout. Sa guitare **était** cassée. → Patricia **a foncé** au commissariat, elle **a raconté** son histoire à un inspecteur

↙ qui n'**était** pas très sympathique.

2 Der Gebrauch von „imparfait" und „passé composé" im Satz

1. Parallel verlaufende Handlungen

Le type **écoutait**

mais il n'**applaudissait** pas

2. Während eine Handlung verläuft, setzt eine andere Handlung ein.

Patricia **dormait** quand ils **sont rentrés**

3. Eine Handlung folgt auf eine andere – schon abgeschlossene – Handlung.

Il **est entré** dans l'appartement, il **a cherché** partout, il **a cassé** la guitare et il **est parti**.

4. Beschreibung von Gewohnheiten

Le mercredi, elle **gardait** un petit garçon.

3 L'accord du participe au passé composé

1. avec les verbes pronominaux

Elle s'est occupée du petit garçon.
Les S.T.N.T. se sont retrouvés dans la chambre de Patricia.

Die reflexiven Verben bilden das passé composé mit „être". Das Partizip gleichst du in Zahl und Geschlecht dem Reflexivpronomen an.

2. avec les verbes conjugués avec «avoir»

Patricia a revu les S.T. N.T.
Les S.T.N.T? Patricia les a revus dans le métro.
Votre guitare est cassée mais on ne l'a pas volée.
La guitare que son grand-père lui a offerte est cassée.

Steht das direkte Objekt vor dem Verb, musst du das Partizip in Zahl und Geschlecht dem Objekt angleichen. Folgende Objekte können vor dem Verb stehen:
– ein direktes Objektpronomen,
– das Relativpronomen „que".

P964270